聴くことでできる社会貢献

新 傾《けい》聴《ちょう》ボランティアのすすめ

特定非営利活動法人(NPO)
ホールファミリーケア協会［編］

三省堂

目次

はじめに――傾聴ボランティアってなあに？……1

第1章 〈座談会〉傾聴ボランティアと社会貢献について 7

■柴田 博 桜美林大学大学院教授（老年学）

■長田 久雄 桜美林大学大学院教授（老年心理学）

■司会：鈴木 絹英 特定非営利活動法人ホールファミリーケア協会理事長

コラム■アメリカのシニア・ピア・カウンセリングと日本の傾聴ボランティア活動 22

第2章 傾聴ボランティアってなあに？　41

1 「聞く」と「聴く」って違うの？…42
①傾聴する際の基本的態度で気をつけること…43／②普通の会話と傾聴の違いとは？…46／③「聞く」と「聴く」の違い…48／④気持ちを「聴く」ことが大切です…49／⑤情緒的一体感を持つ…50

2 傾聴の意義を考える…51
①聴くことは心の援助になります…51／②一生懸命耳を傾けて聴く姿勢が本音を引き出す…53／③傾聴が相手にもたらす働きとは？…54／④傾聴は自己成長を促す…56

第3章 実際にやってみよう、誰にでもできる傾聴　59

1 いい聴き手になるためのコミュニケーション・スキル…60
①自分の口を閉ざす練習をすること…60／②相手の人格を尊重する…61／

③相手の話を、相手の身になって、素直に聴く「共感」を身に付ける…63／④相手を評価しないでありのままを受け入れる（受容）…65／⑤自己一致とは？…65／⑥より多様な経験を…66

2 **傾聴の心構え**…67

①一般の会話とは違うというモードの切り替えをしましょう…67／②礼儀正しく敬意を払う…67／③言葉以外のコミュニケーション（非言語的コミュニケーション）の重要性…69／④相手のペースに合わせる…71／⑤沈黙を恐れない…72／⑥集中力と忍耐を養う…73／⑦心を穏やかに保つ…74／⑧巻き込まれない…74／⑨守秘義務の遵守と報告事項…76

3 **傾聴を行うときの注意点**…76

①話は最後までキチンと聴く…77／②相手の話に反論したり、批判したり、否定しない…78／③安易に元気づけない…79／④レッテルを貼らない…79／⑤自分に興味のある、勝手な質問をしない…80／⑥相手の話を自己流に解釈しない…81

4 **上手な聴き方のコミュニケーション・スキル**…81

①相手が話しやすい雰囲気をつくる…82／②相手との出会いを大切にする…83／③相手の様子を観察して相手に合わせる…86／④相づち・うなずき・促し…87／⑤繰り返し…88／⑥質問…89／⑦パラフレイズ（言い替え）…91／⑧明確化…93／⑨リフレーミングで視点を変える…94／⑩支持…96／⑪共感的な励まし…97

5 ロールプレイ体験をしよう…98
①ロールプレイとは？…98／②ロールプレイで得られるもの…101

6 認知症の方の傾聴…102
①人として…104／②具体的な対応…105

第4章 傾聴ボランティア体験記 113

◉傾聴に出会えて　平成18年長野講座生　傾聴みみずく会長　野崎恵子…114／◉傾聴ボランティアとして　20期生　熊澤晴子…123／◉すてきな仲間と愉しいボランティア活動　03年高松講座生　高知とんぼの会　西川祐…130／◉地

域で傾聴活動を　平成18年佐賀講座生　傾聴ボランティア佐賀・かたらい会長
市丸俊文…138／◉若葉マークの傾聴ですが　23期生　佐藤文…146

第5章　傾聴ボランティアの始め方

155

1 個人で始める場合…156
①地域の社会福祉協議会、またはボランティアセンターへ…156／②地域活動グループに参加を…159／③仲間と一緒に…161／④福祉・介護関係の知り合いを当たろう…161／⑤他の窓口も当たってみよう…162／⑥養成講座を修了していなくても傾聴ボランティア活動を始められるの？…163／⑦傾聴ボランティア活動開始時の約束事の確認とは…164
A．施設編／B．個人宅編
⑧傾聴ボランティアってなあに？　改めて考えてみましょう…178／⑨ボランティア活動は誰のため？…184

2 地域における傾聴ボランティア活動の展開の仕方…186
①地域における傾聴ボランティア活動展開の理想形…187／②傾聴ボランティ

ア活動の地域展開上の課題…191

第6章　傾聴ボランティア活動時によくある事例に答えるQ&A　199

①個人宅訪問時によくある事例…200　／　②施設訪問時によくある事例…204

第7章　傾聴ボランティア活動の全国的な広がり　225

①群馬県の場合…226　／　②長野県の場合…227　／　③佐賀県の場合…229　／　④高知県の場合…230　／　⑤その他の地域の場合…231

第8章　NPO法人　ホールファミリーケア協会の活動について　235

◉あとがき…248

〈装画＝内山洋見〉

はじめに――傾聴ボランティアってなあに？

「傾聴ボランティア」という言葉が最近色々な新聞や福祉の専門誌やテレビなどにも出てきます。「傾聴ボランティア」って一体何なんでしょうか？

傾聴ボランティアは、「ボランティア」と付いていますので、もちろん、各種のボランティア活動の中の一つの活動です。

「傾聴ボランティア」とは何なのか、改めて考えてみたいと思います。

傾聴ボランティアは、字句どおり、相手のお話を「傾聴」するボランティアのことです。あるいは、相手のお話を「傾聴的に聴く」ボランティアであり、また、相手の方に「傾聴的に関わる」活動をしているボランティアのことです。

傾聴ボランティアは、様々な相手の方の様々なお話を聴きます。相手の方の身体の具合の話、家族の話、お金の話、仕事の話、伴侶に先立たれた寂しさの話、生きていても仕様がないという嘆きや愚痴の話等々……。傾聴ボランティアはひたすら相手のお話を聴きます（「聞く」ではなく、「聴く」と書いているのには意味があります。単に「聞く」のではなく、「聴く」ことが大事です。その説明は第2章にあります)。

しかし、話を聴きながら、ときどき、何かしてあげたい、困っているそのことについて何とかして解決の手を差し延べてあげたいと思うことがあります。

そうしたことは、私たちの考えによれば、「傾聴」という活動の範囲を超えてしまいます。事柄の解決には、それに相応しい専門の方々がいます。私たちは、適切な手順を踏んで、そうした専門家につなげることはしてあげることができるでしょう。しかし、傾聴ボランティアは、「解決してあげる人」ではありません。あなた自身がよかれと思う解決策をすぐに提示するのではなく、傾聴活動の中では、むしろ、お話を聴くことを通して、相手の方自身が真に何を求めているのかを自ら知ることが大切だと私たちは考えています。真に求めていることが分かると、本人自身がよりよい解決の方法を思い付くかもしれません。より適切な専門家につなげることもできるかもしれませんし、それによって、専門家が迅速に必要な手立てを講じることができるようになるかもしれません。

私たちができることは、相手の方にできるだけ多く話をしてもらい、そのことによって、その方自身の心の負担が少しでも軽くなるようにお手伝いをすること、また、同時に、考えの整理がついて自分なりの判断や納得に至ることのお手伝いをすることです。そうしたことしかできないのだと、むしろ、わきまえたいと思います。というのは、人は、基本的には、誰でも自分のことは自分で解決できる能力を持っていると信じることが大切だからです。

その人が悩むその問題について、一番よく知っているのは当の本人であることをわきまえる必要があります。その人が求めているのは、あなたの価値観に基づく何らかの解決策ではなく、自分なりに考えをまとめるためのサポートです。混乱している場合には、混乱を解きほぐすお手伝いをしてほしいのです。そして、そうした、お手伝いに徹するというあなたの決意が大切です。

このようにわきまえることによって、あなたの傾聴ボランティア活動は一層生き生きとした、達成感のある活動となるはずです。つまり、私たちにできることは「話を聴く」ことだけですが、「聴く」という行為には、もっと積極的な意味や意義があることを知ることが大事です。英語で、傾聴のことを「Active Listening アクティヴ・リスニング」と言います。傾聴とは、まさに、積極的に、能動的に「聴く」ことです。一方的に、ひたすら受け身で聴くということではありません。といっても、あなたが一方的に話し、一方的に相手に質問をするというパターンの対話のことでもありません。「よりよく聴く」ことが傾聴です。そのためには、一定のスキル（技法）がありトレーニングが必要です。この本では、こうしたスキルについても解説しています。

しかし、人と人との対話は、いつも悩みの相談とは限りません。

ともかくも話を聴いてほしい、話し相手になってほしいというようなこともたくさんあります。人は話すことによって心が軽くなる、心が浄化されると言います。話を聴いてもらうだけでスッキリするということも大いにあります。このように話を聴いてほしいという相手の話を、ともかくも、プラスに評価しながら聴くことができたとしたら、それは、その人自身に自分が生きることの意味（自己肯定感や自己有用感）を見出していただくことにもなります。また、相手の話を否定せずに受けとめて聴くことは、相手の存在を認めることにもつながります。言葉を介してのコミュニケーションが不自由になった方の場合には、何か話を聴かなければということではなく、その方の側にいることによって、その方に安堵感を感じてもらうということが大事ということもあります。

私たちは、こうしたケースも含めて傾聴ボランティア活動であると考えています。ともに仲間として（あるいは、ともに「人」として）、有意義で楽しい時間をともに過ごすこと、これが傾聴ボランティア活動の目的であり、目標であると考えています。

現在、「自分が持っている力と時間の余裕を何か社会のために役立てたいという意識は持っているが、何をしてよいか分からない」という方々に、是非、傾聴ボランティア活動を始められることをお勧めします。

現在、様々な理由から「話したくても話せない（話す機会がない）」人々が増えています。特に急速に進展する高齢社会の中で、話す機会のない高齢者が増えており、高齢者の心のケアの問題がクローズアップされています。しかし、高齢社会とはいえ、その8割以上が元気な高齢者という状況の中、元気な高齢者自身が同世代の高齢者の心のケアをするという傾聴ボランティアのような活動はとりわけ重要で意味のあるものとなるでしょう。こうした心のケア活動はいわば相互支援活動であり、高齢者福祉政策にも沿うものであると考えると、正に時宜に沿った活動であるとも言えるのではないでしょうか。

NPO法人　ホールファミリーケア協会理事長　　鈴木絹英

第1章

座談会

傾聴ボランティアと社会貢献について

座談会

「傾聴ボランティアと社会貢献について」

柴田　博
桜美林大学大学院教授（老年学）

長田　久雄
桜美林大学大学院教授（老年心理学）

司会：鈴木　絹英
特定非営利活動法人
ホールファミリーケア協会理事長

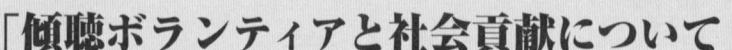

なぜ今、傾聴ボランティアか？

鈴木：柴田先生、長田先生、本日は、大変お忙しいところをご足労いただきまして、誠にありがとうございます。どうぞ、よろしくお願いを致します。

今、「傾聴」という耳慣れない、新しい言葉がいろいろなところで認知され始めておりまして、以前には考えられなかったような様々な評価を生み出しているという状況があります。

「聞く」ということは誰でもやっていて当たり前のことで、それが社会貢献につながっていくなどとは今まであまり考えもしなかったのではないかと思いますが、しかし、この「聴く」、「傾聴」ということは使い方によっては大きな社会的な意義があり、それがひいては社会貢献になっていくんだという認識が根づきはじめたように感じます。そうした中で、本日は、お二人の先生方に是非「傾聴ボランティアと社会貢献」ということについて、多面的な視点からお話をおうかがいしたいと思います。

私は10年ほど前に、全米で行われておりますシニア・ピア・カウンセリングというボランティア活動をぜひ日本でも普及させたいと思って、そのプログラムを日本に導入し、日本の風土に合わせて、プログラムに手を加えて、新しく日本型のシニア・ピア・カウンセリング、即ち「高齢者のための傾聴ボランティア」ということをやり始めました。もともと、シニア・ピア・カウンセリングというのは、シニア・ピア・カウンセラーと呼ばれる同世代の高齢者が悩みや不安を抱えている高齢者のお話を「クラ

鈴木絹英理事長

イエント対カウンセラー」という関係の中で聴くというのが本来のアメリカの活動なのですが、私は日本ではもっと幅を広げて、お話し相手が欲しいと思っている孤独な高齢者、あるいはお仲間が欲しいと思っている高齢者、そしてもうひとつ、元気がよくて誰かのために役に立ちたいと思っている高齢者、その方たちをうまく組み合わせて、元気で長生きしていただけるような社会をこれから作っていく必要があるんじゃないかなと考え、トレーニングを受けたお話を聴くボランティア、すなわち「傾聴ボランティア」を、日本で普及させたいなということで始め、現在も頑張っているわけです。今やっている活動は、たまたま「高齢者同士」という括りがありますけれども、本来、傾聴というのは基本的には「人と人とのよりよい関係の構築」ということがテーマですので、何も高齢者同士でなければならないということはないと考えています。人というのは誰かに話を聴いてもらうことによって心が癒されますし、また、逆に、人のお話を聴くということがその方に生きる勇気を与える大きな原点ともなると思います。人の心は人でなくては癒されないという部分が非常に大きいと思いますので、この活動はあらゆる世代に必要な非常によい活動ではないのかと考え、普及に励んでいます。

今日は、「傾聴」、あるいは「社会貢献」ということに関し、専門の先生方に、いろいろな角度から私たちが考えている以上のもっと深いところでお話をうかがいたいと思っております。

先ず最初に、柴田先生におうかがいしたいと思います。先程、私は口はばったくも「聴くことは社会貢献につながっていくのではないか」と言わせていただきましたけど、その辺りの先生のお考えをお聞かせいただけますでしょうか。

柴田：そうですね。「社会貢献」というのは、いろんな年代によって内容が違うかとは思いますが、「高齢者」という私の専門の立場からいいますと、先ず「仕事」ですね。お金になるような仕事、自営でも就業でもよいのですけど、これをやるというのがひとつありますね。それから、無償労働といって、お金にならないけれども有償労働と同じくらい能力も意欲も必要な労働、あと、家事労働、家庭菜園、こういうものも社会貢献になりますね。それから、もっとインフォーマルなものでいえば、例えばボランティア活動というのがありますね。ボランティア活動も、高齢者同士の助け合いの場合は、これは相互扶助という言葉で言われます。そして、子育て支援など若い世代に対するサポートも高齢者の社会貢献でしょう。

また、ボランティア活動によって高齢者や若い世代をサポートする場合に、概念的には大きくわけて二つあります。

ひとつは、具体的な生活場面のサポートで、これは在宅給食サービスなどもそのひとつですけれども、こういうものは「手段的サポート」と言います。傾聴ボランティアのような悩みを聴いてあげるとか、励ましてあげるというのは「情緒的サポート」と言います。概念的に分けると、この傾聴ボランティアというのはインフォーマルな活動であり、かつ情緒的サポートである、そして高齢者がその担い手であれば高齢者の社会貢献であるということができると思います。

鈴木：今回、本のサブタイトルが「聴くことできる社会貢献」なのですが、なぜ「聴く」ことが社会的貢献になるのか。これは情緒的サポートのお話と関連すると思いますが、「聴く」ことがサポートになるというのが新しい視点ではないのかと思います。その辺について、カウンセリング的な観点から、長田先生にお話をお聞かせ願いたいのですが。

長田：例えば、カウンセリングというのは、悩みを抱える人にその悩みを解決するような援助をするというイメージが強いですよね。それもカウンセリングの中の非常に大事な側面であると思うのですけれども、一方、そうした適切な助言とか情報とかをただ受けるだけはなくて、自分の気持ちを整理するために話してみるとか、話したことを相手が受けとめてくれて、そして賛同してくれるとか共感してくれるとか、こういうことが非常に効果的であるというようなこともあるわけです。傾聴ボランティアのような活動には、自分の気持ちを人に聴いてもらうことで気持ちが落着くとか、気持ちが癒されるという部分があると思うのです。高齢者に限らないと思いますが、いわゆる独りぼっちでいるということは人間にとって非常に辛いことです。ですから誰かに話し相手になってもらいたいわけです。また、こういうこともあります。阪神淡路大震災のときに仮設住宅で独り暮らしになってしまった人がいましたが、このような状況のときには、誰か話し合う相手がほしいという以前に、誰か一緒にいてくれる人が欲しいという感覚があって、情緒的サポートというより更に少し広い範囲で「情緒的一体感」というか、心が通いあっている人が側にいてくれることが大変プラスになるということがあるわけです。これは何か相談をして問題解決をするとかというようなカウンセリングよりもっと広く、一般的に普及させる必要のあることだと思います。

柴田博先生

それを、いわゆるボランティア活動、例えば「傾聴」活動としてやっていただくと非常にいいと思います。

ただし、気をつけなければならないこともあります。例えば聴いた人が不用意にプライバシーを侵害して、色々なことを口外してしまうとかです。また、「聴く」というのは、簡単そうに見えて意外に難しい、エネルギーがいることです。「聴く」こと自体が大変なことなのです。そこで、やはり、聴き方の訓練とか、守秘義務に関する認識を深めるとか、そういうことについてキチンと一定の訓練を受ける必要があると思います。そして、そうした方が人の話を聴くというのは大事なことだし、これから、独り暮らしの方ですとか、閉じこもっている方とかにアプローチをしていくことによって社会貢献をするというのは非常に大事なことだと思います。そうした社会貢献の方法は充分あるのではないかと思います。そういう意味では、「情緒的サポート」、あるいは「情緒的一体感」とか、そういうような広い意味をこの活動と結び付けて捉えたらどうかと思いますね。

柴田：今、高齢化率を考えてみると、２０５０年に日本では３５・７％になると予測されています。つまり３人に１人というわけです。先ほど言ったように、高齢者がやはり何らかの形で社会のために貢献するということが必要であり、その中でも一番必要、かつお互いにできるのが「情緒的サポート」であろうと思うわけです。生活機能が自立しているから誰とも付き合わないという人はいないわけですからね。「情緒的サポート」というのはどんなに自立している人にも必要なサポートだろうと思います。

傾聴ボランティアの楽しさと魅力！

鈴木：つまり、高齢化が進行する日本の中では、こういう「情緒的サポート」を通した社会貢献をする・しないというより、社会全体がしてもらわないと困ってしまうような状況になってしまうというようなことなのでしょうか。

柴田：それもありますし、それからもう一つは、ここ10数年くらいでデータが出てきたんですけれど、社会貢献をしている人は生活満足度、生きがい感も上がってきます。それから生活習慣病にもなりにくい、寿命も延びる、というデータが続々と出てきています。だから社会貢献をするというのは、人のためでもあるし、自分のためでもあると私はいつも言うんです。「情けは人のためならず」とよく言いますが、そういうふうに人間というのはできているのではないでしょうか。

長田：そうですね。要するにシニア・ピア・カウンセリングとか傾聴ボランティアとかのボランティア活動を、高齢者に当てはめて考えてみると、相談相手や話し相手になってもらいたいと希望する人はいるわけですから、そういう方の所にサービスを提供するということは、受ける側にとってメリットとなり得るわけです。しかし、サービスを提供する側もその活動を通して、満足感や幸福感が高くなるということになるわけですね。実際に鈴木さんや色々活動している方のご意見を聞いてみると、ボランティアをやっていてとてもよかったという実感を持たれているように感じます。これが大事なんじゃないかと思いますね。私は、カウンセリングと傾聴ボランティア活動の違いを強いて言うならば、ボランティア活動として傾聴することで、自分もいただくものがたくさんあるという点だと思います。ですから、こうした活動というのは、費用を設定してやるようなものではなくて、ボランティア活動としてやるというところが非常に重要なポイントのひとつではないかと思います。

鈴木：確かに、今、長田先生がおっしゃってくださいましたように、やっている方たちから、「有難う」と言われて「嬉しかった」とか「感動した」とか、それから「昔の話が聴けて勉強になった」とかいう報告がたくさんあります。ですから、どちらかというとやっている方のほうが、得ているものがうーんと多いのではない

長田久雄先生

かと感じますね。それなので結構、皆さん一度こういう活動を始められると、すごく長いんです。継続性があって、はまるんです。今の言葉でいうと「マイブーム」じゃないですけど（笑）。向こうからの評価がはっきりと返ってくるというのが、非常に心地よいというのがあるのでしょうか。

柴田：「はまる」っていうのはあるんですよね。脳内麻薬様物質というのがあります。βエンドルフィンとかね、セロトニンとかドーパミンとか、やっぱりああいうものが出るんです、こういう活動をやりますとね。だから「はまる」っていうか、よく「癖になる」なんていいますよね。

鈴木：面白いことですが、ある方のところに傾聴ボランティアに行き始めますと、二人目、三人目とやりたくなってくるんですよね。それもいろいろなシチュエーションで。施設に行った方が今度は個人のお宅へ行ったりして。お一人だけで手一杯ということがなくて、どんどんボランティア先を自分で広げて行くということがあります。私はこの活動をやっている中で感じたのですが、そういう目で見ると、ボランティア活動をやっている方は確かにひとつだけじゃなくていくつもおやりになっている方が多いですよね。それが今いう「はまる」ということなのでしょうか。

柴田：そういうことでしょうね。サポートを自分がすることによって、常に相手から何かもらうということもあるのです。先の「情緒的サポート」と「手段的サポート」の関係でいうと、私がよく例に出すのは、もう寝たきりで人の世話になっていて、下の世話まで受けているような高齢の方の例ですが、この方の場合、手段的なサポートはすでに受けているわけです。しかし、時々昔の後輩が中間管理職の悩みの相談に来るので相談相手になってあげている。ですから、この方の場合は、「手段的サポート」は受けていますが、「情緒的サポート」は与えているということになります。まあ、こういうこともあるわけです。

また、具体的にはサポートをまったく与えていないように見えても、その存在自体が社会貢献になっているというような例もあります。私たちは定期的に百歳の方の調査をやってきており、最近では2年くらい前から数千名の方の調査をやったのですけど、百歳の方というのは、調査のその瞬間には私たちが今の範疇でいう社会貢献は実際にはあまりしていません。しかし、その存在自体が社会貢献になっているんです。そもそも百歳の方がいないと、私たちは百歳まで生きられるという可能性を持っているということを感じることができないわけです。だから、だんだんと高齢になってくると、その存在自体が社会貢献であると、そういうこともあるわけです。

長田：私も今年の夏にある老人施設に行って、百歳のお年寄りと会わせていただいたんですけど、思わず手を握らせてもらっちゃって（笑）……そういう気持ちになるんですよね。

鈴木：先日、ある有料老人ホームに行ったんですけれども、丁度敬老の日のお祝い会をやっていまして、最高齢者の発表があったのですが、百歳の女性でした。私は、思わずその方を見に行ってしまって（笑）。触れたくなっちゃうというか、有り難いという気持ちになってしまうんですね。

少し話が変わりますが、今これだけ高齢社会になりましたので、施設などで80、90歳くらいの方にお目にかかる機会がとても多いのですが、中には「死にたい」「死にたい」とおっしゃる方にお会いします。そういう方に、今の存在自体が社会貢献という話ではないですけれども、その歳まで生きていただいているということだけで世のお役に立っているということを知っていただけたらいいなと思います。若い者を育てるためとか、福祉技術習得の場を提供しているとか、若者が高齢者に対する温かい配慮を学べるようにとか、何でもいいんですが、そういうような意味で社会貢献をしておられると思っていただくとご本人たちも気が楽になって、安心して元気に生きていっていただけるのではないでしょうか。そういう見本の在り方というのもあるかと思います。

柴田：そうですね。何か役割意識を感じてもらうようなことというのが重要なのではないでしょうか。

長田：確かに「死にたい」とおっしゃる方に対し、いえ、あなたの「存在自体」に意義があるんですよとサポートすることもできますが、もうひとつ、サポートという意味でいうと、「評価的サポート」というのもあります。周囲の人から自分が評価される、「あなた、立派だよ、役に立っているよ」と言ってもらえることです。例えば、自分の仕事に対して「よくできたね」「がんばったね」といってもらえる、評価してもらえるというのが、サポートになるわけです。そういう評価のようなことをちゃんと提供する仕組を作っていくことが大切ですね。死にたいというふうになる前に、例えば、話し相手が来て、過去の話を聴いて「ああ、そんなに頑張って偉いことをおやりになったのですか、すごいですね」と感心する。それを、例えば、施設の職員が聞けば「ああ、そういう人だったのか」と見方も変わってきますよね。そのような効果も期待できるのではないでしょうか。キチンとその方の話を聴くということは、その方の価値を見直すというような意味もありそうな気がしますね。

鈴木：その「評価的サポート」という言葉は、とても素晴らしいですね。評価的サポートというのは、高齢者の方たちだけではなくて、すべての世代に通じることですね。

柴田：そうですね。ただそれも大きく分けると情緒的サポートの中に含まれるものだと思いますし、情緒的サポートは、別に高齢者に限ったことではなく、等しくどの世代の人にも必要なことだと思います。

傾聴ボランティアとカウンセラー、その共通点と違いは

鈴木：長田先生、傾聴ボランティアは私どもホールファミリーケア協会でカウンセリングの基礎のトレーニングを積んで活動しているのです

が、傾聴ボランティアとプロのカウンセラーとの一番大きな違いは、やはり技術的なものなのでしょうか。

長田：まずひとつは、相手との関わりの目的が違うということではないしょうか。カウンセラーを職業としている人の場合、自分の仕事としてやっているわけですから、相手にとって必ずプラスになっていかなくてはいけない。そういった意味では、職としての位置づけが違うと言っていいのではないでしょうか。

技術的にいえば、カウンセラーとしての職にある人よりも傾聴ボランティアの中に非常に聴き方の上手い方がいたとしても不思議ではないですが、その人がカウンセリングができるかといえば、それはまた別問題だと思います。その人が本当に職業としてやろうとするかどうかということもありますしね。日本のようにカウンセラーに関して国の資格がないようなところでは、その辺は曖昧になる可能性はありますが…。カウンセリングでも傾聴ボランティアでも、例えば、基本として共通しているのは傾聴、受容、共感、それと相手との間のリレーションとかラポール（信頼関係）の形成でしょう。そして丁寧にお話をうかがうというようなことは、基本的には同じだと思います。治療的なカウンセリングでいえば、さらにその上に、認知行動療法とか様々な技術的に決まったやり方で相手の状態を変えていこうという治療法もありますが、そのようなことは傾聴ボランティアの方が、通常の養成講座の中で学ぶこともないでしょうし、またその活動の範囲では、必ずしも学ぶ必要はないと思います。

ただ、例えば傾聴・受容・共感とか、相手に自分の考えを押しつけないとか、聴き手としての純粋性とか、自己矛盾があまりない状態、自己一致などは、傾聴ボランティアをやっている方でも、自分の成長という意味で非常に重要ではないでしょうか。活動をしながら、よりよい人間関係を作れるように人間的な成長をめざすというようなことは役に立つと思います。その意味で、やはり継続的な研修の機会が大事だと思います。自分の体験を分かち合ったり、また、新しい知識や技術を学習する機会を持つことは必要だと思います。

柴田：そうですね、継続的に学んでいく姿勢が大事ですね。

長田：私は、かつて、「傾聴ボランティア活動の普及というのは一種の社会運動として展開していきたい」と鈴木さんがおっしゃっているのをおうかがいしたことがあるように思うのですが、その辺のところをもう少し聞かせていただけますか。

鈴木：私たちホールファミリーケア協会としては、傾聴ボランティア活動をひとつの新しい社会運動として普及させていきたいなと思っています。その意味は、誰か上の方からやれといわれたからやるという種類の活動ではなく、高齢社会を構成する一人ひとりの高齢者が、他者のためによかれと思うことを、自分でできることを持ち寄って作っていこうということです。この活動は、相互扶助の活動として意味があるし、また、重要だと自分たち自身が信じることのできる活動だからです。

いわば、ボトムアップの活動ですが、全国的

コラム

アメリカのシニア・ピア・カウンセリングと日本の傾聴ボランティア活動

現在、NPO法人ホールファミリーケア協会で普及に励んでいる（高齢者のための）傾聴ボランティア活動は、アメリカのシニア・ピア・カウンセリングを源にしています。

アメリカにおけるシニア・ピア・カウンセリングは、カリフォルニア州サンタモニカ市にある高齢者センター（The Center for Healthy Aging：CHA）で1978年に始められたものが最初と言われています。高齢者の健康は、心の健康が伴って初めて真の健康といえるという気づきから始まったものです。今や、全米各地及びヨーロッパで同様な活動が行われています。

アメリカにおけるシニア・ピア・カウンセリングは、まさに私たちがイメージするところの「カウンセリング」そのものです。つまり、個別面談方式で、小さなカウンセリング・ルームで、カウンセラーとクライエント（来談者）が相対します。通常のカウンセリングとどこが違うかというと、カウンセラーが、シニア・ピア・カウンセラーと呼ばれるボランティアであるという点だけです。

　カウンセリングは有料ですので、クライエントは料金を支払います。ただし、CHAはNPOですので料金は低めに設定してあります。さらに、料金は所得スライド制となっていますので、所得の低い人でもカウンセリングを受けられるようになっています。一方、カウンセリングを行うシニア・ピア・カウンセラーは、無償のボランティアです。しかも、シニア・ピア・カウンセラーは毎週1回スーパービジョン（注）を受けなければならないことになっています。

※（注）スーパービジョン：具体的な事例に沿って、カウンセリングの専門家から個別的に面談技法について指導を受けることをいいます。

に普及させていくためには、行政との連携が不可欠であるとも思っています。高齢者福祉に関わる担当者の方には、この活動の必要性を必ず理解していただけるものと信じていますので、より多くの方々が関われるように支援してほしいと思っています。行政的にいっても、この活動は寝たきりの予防や認知症進行の抑制とか、引きこもり高齢者対策としても大いに効果があると期待されます。それは膨大な予算を必要とする高齢者福祉関係の予算支出抑制にも一定の貢献をすることになるはずです。肉体的な作業を必要とするボランティア活動と違って、いくつになってもできる活動ですし、また、やればやるほど円熟味と深みを増す活動でもあります。先ほどからいわれていますように、ボランティア活動をする側にとって学びと得るものの多い活動であることは勿論、この活動を通して、傾聴してもらう人、する人双方が元気になるということは、それだけ社会を活性化することになると思います。

また、この活動の中では、ふたつの大きな気づきを、自分自身に対し、また、社会に対し、もたらすことができればと願っています。ひとつは、柴田先生のお話にも再三出てきますが、高齢者はいたわられるだけの存在ではなく、社会的に主体的に関わりを持つことのできる存在なんだということ。もうひとつは、これは、傾聴ボランティア活動の基本的なスタンスに関することなのですが、傾聴するためには相手の言うことをありのまま、肯定的・共感的に受け止める必要があります。それは相手の存在や人格、人生を尊重することでもあると思います。上下関係の中でモノを言うのではなく、またいつも自分の考えや価値観を押し付けるという状況の中で人と対話するのではなく、相手を受け入れながら聴くことの心地よさ、あるいはお互いの良い人間関係の心地よさに気づいてほしいと願っています。ギスギスしたことの多い世の中で、こうした人間関係をお互いの間で作っていくということは、オーバーかもしれませんが、一種の革命ではないでしょうか。傾聴ボランティア活動というのは、これだけ社会的に意味のある活動だというところから、ひとつの社会運動として展開していく意味と意義があるのではないかと考えた次第です。

傾聴ボランティアをもっと知ってもらうためには？

鈴木：ホールファミリーケア協会の講座の修了生たちも、それぞれの地域で自主的に活動するグループをたくさん作って活動しています。そして、これは何事もそうかと思うのですが、ものすごくうまくいっている所と、ある部分あまり活発でない所と地域差が出ています。すごくうまくいっている所ではよい事例がたくさん生まれてきています。最初に長田先生に「私、こういうふうにやりたいんです」と語った夢は、実現に向かって確実に進んでおりますけれども、私たちがさらに欲しい援助は、行政の方とのよいパートナーシップということです。先進的な取り組みも多くなってきていますので、全国的な広がりを期待したいところです。

柴田：そうですね。今後の展開という点で私が感じていますのは、この傾聴の活動というのは一定のトレーニングなり練習が必要なことだとは分かっているつもりですが、究極的にいうと、あまり、形式にこだわらずに、つまり、あまり与え手・受け手という役割意識に捉われずに、お互いピア、仲間として、あるいは人間と人間として、よりよい関係を構築するための基本技術であるというようなものにまで敷衍して考えたほうがよいと思います。ピアとして、言いもするし、聴きもするというような間柄、関係性が大事だと思うのです。……しかし、まあ、社会全体がそこに至るには長い道のりがありますが。

鈴木：長田先生はよく施設の方のご相談を受けておられるとお聞きしています。今、施設の側の傾聴ボランティアに対する評価はかなり高まりつつあると実感しているのですが、それでもまだなかなか思うようには理解していただけないという側面もあるのです。自分たちの中の情報が漏れてしまうことをご心配なのかなとか、ボランティアというのは「手足」という認識から抜けきれていないのかなと思ってしまうのですが、施設側の方の受け止め方は実際にはどのようなものなのでしょうか。

長田：施設も色々な考え方で運営されていますので多様性があると思うのです。今でも、一部には中をあまり見られたくない、という意識を持っている施設もないとはいえません。

しかし、仮にオープンにしてボランティアにたくさん来ていただくにしても、施設の理念というのもありますから、それに合った活動をしてくださるかどうか、施設はこれを考えると思います。その意味では不特定な方が仮に飛び込みのような形で傾聴ボランティアのトレーニングを受けているから、ここで話し相手をさせてくださいと訪ねても、どういう方の話し相手をしていただくのがよいか、施設の職員の誰が対応したらよいか、それからどういう期間にどのように来てもらうのがよいか、施設の側が戸惑う場合もあると思うのです。まあ、閉鎖的な施設はともかくとしてオープンにしようとしている施設でも、どういう活動であるのか知らなかったり、あるいはその受け入れということに関する戸惑いがあったり、そういうことはあるのではないでしょうか。

ですから、もう少し傾聴ボランティア活動を施設に理解していただくという働きかけが必要だと思います。まあそういう方向に動いていらっしゃるとは思いますけれども。

鈴木：私たちなりに、施設にお手紙を出して、「傾聴ボランティア活動とは何か」、あるいは「この地域には、訓練を受けた傾聴ボランティア希望者がいるので受け入れてもらえないか」とかの広報活動はしているのですが、やはり、こうした広報活動ではあまりよく理解していただけないような気がしています。それに、広報活動にも結構費用がかかります。現在のところ、自分たちで作っていく社会運動だと思って一生懸命我慢してやっていますが。

長田：そうですね、やはり実感が湧かないということはあり得ますね。傾聴ボランティアというのはやはりそのボランティア活動をする方の個性・特性というのがかなり大きく影響しますよね。Aという方はよいけど、Bという方は合わないなということもありますし。Aさんで上手くいったからBさんにも来てもらおうかとはなかなか踏み出せないこともあるように思いますね。

鈴木：そうですね、確かにそのような個人の特性の差はあると思います。ですが、私たちが知る限りでは、一人誰かが成功すると、もっと多くの傾聴ボランティアに来て欲しいということになるケースが圧倒的に多いように感じています。そうした意味では、最初の一人が施設に与えるインパクトというのが結構その後を左右する要因になるかもしれません。

しかし、こうした個人の特性のことで言いますと、施設でも、結構いろいろなタイプの方がいらっしゃいますよね。傾聴ボランティアがおうかがいしたときに「何も話すことないよ！」と横を向いてしまう方もいらっしゃいますし、また何も聞かなくても自分のほうから溢れんばかりにお話ししてくださる方もいらっしゃいます。すごくいろいろ個人差があるなと思っているのですけど……。

ところで、長田先生、このように人としていろいろ個性の差があるわけですが、相手の方をお訪ねする際に、傾聴ボランティアとして最低限必要な資質、あるいは基本的な態度とはどのようなことでしょうか。

長田：基本的には、生身の人間に触れることが好きだということではないでしょうか。それから相手を尊重する気持ちがあるかどうかでしょうね。それがやはり基本として大事なことだと思います。例えば、相手に対して自分の考えを押しつけないとか、相手を支配しないとかいうことは先ず基本的なことですね。やはり、人間が好きだし、こういう活動が好きだというところが、一番のポイントの一つではないでしょうか。そういうことは、口に出して言わなくても相手に伝わるようにも思います。

ところで、私は、施設での活動は、今後広がっていくのではないかとある程度楽観的には思っていますが、一方、施設に入居していらっしゃらない方、つまり、独りで住んでいる高齢の方、そしてなかなか外に出るのも億劫だとか困難だという方もこれから増えていくと思うので、そういう方の話し相手を何か上手くネットワークを作って対応してもらえたらいいなと思います。こういう方が話したいなと思うとき、来てもらいたいなというときに依頼ができるような仕組み・仕掛けを今後は作っていただきたいなという希望ですけどね。

鈴木：そうですね。よく修了生に、個人のお宅に行きたいけれども一軒一軒ドアをたたいて、「お話し相手が必要ですか」とか「寂しいですか」とか尋ねて歩くわけにいかない、何処にお話し相手を必要としている高齢者がいるのか、それを知るのはやはり個人の力では限界があるので、その辺りを何かうまく仕組みができないかと尋ねられますね。私たちの答えは、先ず地域の社会福祉協議会あるいはボランティアセンターに行って下さいということなのですが。高齢者個人に対する話し相手の窓口も地域によっていろいろと違いがあって、高齢者福祉課が担当のところもあれば、保健師のいる部署が担当だったりもします。そういうところに先ず相談をすることをお勧めしています。

地域の民生委員さんに相談するというのもひとつの手だと思っています。ただ、人によっては、あまり近くの人に来られては困るということもありますので、そういう場合は、他の民生委員さんに紹介してもらい、同じ市内でも自分の住んでいる地域ではないところで活動するということが必要な場合もありますが……。

柴田：ひとつ問題なのは、やはり、日本ではまだ「情緒的サポート」の意義を皆が知らないということがあると思いますね。だから、例え話ですが、ヘルパーさんが来て30分世間話をして帰っていくのを生きがいにしていた人が、介護保険になって自分がお金を負担するようになったら、それをもうサボタージュしていると勘違いをしてしまうということもあるわけですよ。ヘルパーさんが来なくなったらがっかりして、そのことに気づくわけですけどね。日本というのはとかくそうなんですね。形にあるものしか評価しないところがあります。ですから、そういう文化を変える必要があるんじゃないでしょうか。

鈴木：そういう文化を変えていくには、地道に成果を上げていくというようなことが一番大きいのでしょうか。

長田：まさにそのとおりだと思いますよ。そこにまた社会運動としての意味もあるではないでしょうか。要するに全体で盛り上げていくような要素がないと、こういう活動は、なかなか全国的に発展していかないような気がしますね。

柴田：私もそう思います。一般市民の中のテクニックの高い人をただ作っていくだけでは駄目だと……やはり、社会全体に相互扶助、情緒的サポートがいかに大事で必要かを訴える、そうした大きなうねりが必要ですよね。

鈴木：日本の中高年の方々は、私たちの知る限りではボランティア意識は結構高いので、何かちょっとした後押しをしてあげると行動につながる可能性を持っていると思っています。ですから、行政が後ろから枠組みを準備してあげるとそれに乗るということが大いにあり得ると感じています。社会福祉協議会のような機関、あるいはボランティアセンターのような機関が地域の核になっていただけるよう働きかけもしています。意識の高い社会福祉協議会・ボランティアセンターなどでは、私どもとも連携していただきながら傾聴に関する講演会を実施していただいたり、また、傾聴ボランティアの養成講座なども実際に実施していただいたりしています。そうしたところでは、その後、自主的な活動グループ結成に至る過程をさりげなく応援しながら、活動が根付いていくのを支援していらっしゃいます。

また、こうした動きを見ていて新しい傾向だなと思って感心しているのは、こうした養成講座開催の際に、参加者に参加費を払っていただく、いわゆる有料方式を採用されるところが最近増えているということです。社会福祉協議会やボランティアセンターの予算が厳しいからということは当然あるのですが、それにしても、参加者の方も、有料でもいいから学びたいという方が増えていますね。しかも、多くのところでは、大体募集人員の倍くらいの応募があるようです。お金を払って勉強して、そのあと、無償のボランティア活動をしようという方々ですから、頭が下がります。

先程の柴田先生の「情けは人のためならず」ということでしょうか。傾聴のためにカウンセリングの基礎を学ぶということは、人のためではなく、自己成長の糧になるという側面が大きいのかなとも思います。

地域への浸透ということに関しては、私どもとしては相当に色々なところでやってもらうようになったとは思うのですが、地域差があって、まだまだというところもあります。よりよいアプローチの方法として、アドバイスをいただけると大変助かります。

長田：それはもう、鈴木さんが各地でやっていらっしゃるように、地域ごとに、社会福祉協議会の方たちを集めて講習会・講演会でアピールをしていくということではないでしょうか。この活動にはこういう意味と意義があるんだとか、地域毎に大きな大会をやって講演をするとか、そういうことは必要ですよね。

柴田：確かに行政に支援をお願いするのもいいけれども、ただ何でもかんでも官に後押ししてやってもらうという習慣もまたよくないと思います。そういう場もまた草の根的に作っていくという発想が日本人には必要なのではないでしょうか。消費者運動なり、市民運動なりということが大事なのであって、何でもかんでも国が枠組み作って皆は動員されるだけというのも困る訳ですよね。やはり、この種のものは内発的な運動として考えていく必要があるのではないでしょうか。そういった意味で、一種の社会運動であるといった視点は非常に重要ではないかと思いますね。

男性にとってのボランティア活動の発見

鈴木：そうですね。自分たちの立つ座標軸を明確にして、「社会運動」として頑張っていきたいと思います。

ところで、お二人の先生は男性でいらっしゃいますが、実は私どもの活動に参加してくださっているボランティアは8割が女性で、残り2割が男性なのです。今、定年退職後の男性を地域でどう活かすか頭を痛めているという話をよくお聞きしますが、私はこの活動はこうした男性の方々の地域へのソフトランディングのためのいい機会ではないかと思っています。ただし、ある一点を克服してくだされば、ですが……。

傾聴ボランティアの研修に参加された男性がぶつかる壁で一番多いのが、先程、長田先生がおっしゃいました、「聴く」だけでなくアドバイスをしてしまうとか、結論を出してしまうとかいうことなんですね。何かそういうことをしないと、人の役に立っていないのではないかという認識がどうも払拭できない、それが男性の場合、少しきついらしいんです。先生、そのあたり男性というのは、どうしたらよろしいのでしょうか。

柴田：先ず、男性の参加が少ないという問題ですが、生涯学習プログラムみたいな教養講座には男性が圧倒的に多い。それに対して、どちらかというと、手段的サポートをするようなボランティア団体では、女性が多くて、男性が来ない、若い人が来ないと嘆いているというふうに、二極化しています。

何とかこれを解決できないかと、時々これを考えているんですけれども。

鈴木：傾聴ボランティアというか、話し相手を求めている側の高齢者の中でも、政治や文化などの話をしたいと思う女性は、男性の方の傾聴ボランティアを望む方がいらっしゃるんですよ。

柴田：そういう意味ではボランティア団体の中では、この団体は男性の比率は高いほうです。給食サービスなどのボランティア活動と較べますとね。

鈴木：さっきの話に戻りますが、いったん活動を始められますと、男性のほうがすごくはまって活動されるという面はあります。

長田：先程の質問のアドバイスをする癖が抜けないということについてですが、これはなかなか難しい問題ですね。傾聴の研修においては、相手の方にたくさんお話をしていただくことによって、その方自身が一番いいと思う方向なり、考えに至っていただくことの支援をすることを学び、その練習もおやりになるのでしょうが、その人が生きてこられた環境、特に仕事の現場での習慣や価値観というものはなかなか洗い落とせないというのが現実ですね。しかし、いったん、そうじゃないやり方、自分が信じてきたものとは違う対話の仕方というのがあるんだということに気づいていただくと、その方々にとっては、宝物みたいな大発見となるのですがね。

鈴木：ええ、その話に触れさせていただきたいのですが……男性がいったん「はまる」とすごいという話です。先生方の前で申し上げるのも気が引けますが、傾聴というのは、相手を認めてありのまま受け入れるというのが基本的なスタイルですよね。ですが、それというのは、今まで男性が職業の中で持ってきたスタンスとは大分違うと思うんです。組織の中での上下関係と命令関係の中で持ってきたスタンス。仕事の中で解決策を提示しないやり方というものは考えられないことですし、また、いかに自己表現（アピール）するかといったようなことが大事なことだったと思います。ですから、相手を受け入れてそのまま聴くと相手が喜んでくれるというようなことに、いったん気づかれたら、それがひとつの大きな自己変革となって、はまってしまうのではないか、新しい文化がその方にとって始まるというような意味で面白くてしようがなくなるのではないかと思っています。

長田：そうですね、傾聴ボランティアをやる方の自己変革というか、自己成長というか、そういう部分の契機が必要だということですね。だから、この活動も、ただただボランティア活動の技術が上手くなるために必要といったレベルであれば、大きな社会運動につなげていくのは難しいと思います。ところが、今のような自己変革のきっかけとしてもこういう機会が役に立つということがあれば、今度は、女性の場合には家にだけこもっていた方が、これを機会に外に出て活動するということにもつながりますし、今までにない自分が発揮できたり、新しい自己を発見できたりと、そういうことが運動の側面としてあることが大事なことではないでしょうか。

鈴木：それは、傾聴ということに関して、すごく大きな点だと思います。

現場の活動のさらなる充実のために

柴田：傾聴を社会運動として進める上では、相手を受け止めてじっくり話を聴くという活動の内容的な側面と、運動として活動を組織化して、官とも連携を作り出していくという、またひとつ違う外向きの側面を持った地域のリーダーが必要ということがありますが、鈴木さんのところではその辺をどのようにお考えですか。

鈴木：確かに異なるふたつの側面を持ったリーダー的な人が、それぞれの地域で必要なのですが、それに関しては、グループリーダー研修なども試みとして始めています。また、一方、餅は餅屋ではありませんが、外向き、内向きとそれぞれ得意な分野を違う方にやってもらう役割分担方式みたいなものも必要かなと思い、現在試行錯誤中です。

また、課題に関連してもうひとつだけ言わせていただきますと、これは以前に長田先生からご指摘いただいた件ですが、スーパーバイザーの育成といいましょうか、地域でのボランティアのケアをするケアラーの育成をどうするかということがあります。

長田：そうですね、確かに私は、シニア・ピア・カウンセラーにしろ、傾聴ボランティアにしろ、カウンセリングのイメージが強かったのでそのように申し上げたのですが、柴田先生のさっきの「ピア」という感じでいえば、やっぱり持ち寄って自分たちで話し合うという場でもよいのかと思います。たまに誰か先生みたいな第三者がいたりして、ですね……。また、そういう人がいなくても、こんな苦労があったと皆で話し合って、本当に困ったときに誰かヘルプを頼む、協会に問い合わせしていただいて、そのことについて、また、私たちにお尋ねいただくということでもいいと思うのです。困った問題をともかくも自分たちで分かち合うということで、結構悩みや不安の解消に役に立つのだと思います。お話をお聴きする相手が、重症な患者というわけでもないでしょうから、日常的な活動の支援の場としては、こうした形のもので効果があるという気がします。

鈴木：傾聴ボランティア活動が立ち上がっているところでは、例えば、福祉サービス公社が主催する定期的な「事例検討会」の他に、毎月仲間同士で会合をやっていて、結構それがいい意味で機能しているようです。大部分はこの仲間同士の定期会合で救われていると、活動している皆さんはおっしゃっていますね。

柴田：まあ、人が集まって話していれば何か生まれますからね。

鈴木：本当にそうですね。もうそろそろお終いの時間が迫って来ましたので、柴田先生、長田先生にそれぞれ、改めて、日本に於ける傾聴ボランティア活動は今後こういうことをしてほしい、あるいは必要なことを、まとめてお話しいただきたいと思います。

柴田：そうですね。この活動は、社会の色々なセクターに広めていってほしいということがひとつですね。それから、始まりはシニア・ピアとして、シニアから始まっていますけれども、世代間の交流のための非常に大きな武器になると思いますので、是非そういうふうに広めていってほしいというのが結論ではないかと思います。

長田：大体お話ししましたが、もっとこの傾聴ボランティア活動が広まったほうがよいと思いますし、本当に広まって普及したら、傾聴ボランティアなどとわざわざ言わずに、ごく普通の人が普通にいい人間関係を持つということを誰もがすでに身に付けている、そんな社会になってほしいと思いますね。それが理想の姿なのだと思いますが。

鈴木：私も本当にそう思います。皆が当たり前に人の話をキチンと聴けるようになるといいなと思います。

長田：そういう意味では、この傾聴は、やはり教育に連動させなくては駄目なのではないかとも思いますね。社会教育だけではなくて、学校教育、あるいは家庭教育の段階から。もうやっているんでしょうかね、学校では。

鈴木：いや、まだまだ日本では、十分な取り組みは始まっていないのではないでしょうか。

長田：看護学校とか特殊なところでは、傾聴について訓練してボランティア活動なども始まっていますけれども……。小学生、中学生がボランティア活動をし始めていますけれども、そのときにちょっとこのような要素を含んだ、人の話を聴いてみる機会が持てるように何か考えた方がよいかもしれませんね。もう少し、社会全体に広げるという意味では大事なことなのではないかと思います。

鈴木：私もやはりその通りだと思います。そうしないと当たり前になってこないかなと……。

人の話が聴けるということを皆それぞれ身につけられてきたら、人間関係がもっとよくなり、社会もほのぼの温かい社会になるかなと思います。

長田：聴き手は、当たり前のことのようにしっかりと聴き、また、話し手も自由な気分で話せる、そういう人間関係の心地よさというのを是非普及してもらいたいなと思います。

鈴木：そうですね、傾聴ボランティアというのは、心地よい社会を創るためのきっかけとなる活動であり運動であるという認識を持って頑張っていきたいと思います。

柴田先生、長田先生、本日は、本当に貴重なお話を聴かせていただきまして、ありがとうございました。今後ともどうぞ傾聴ボランティアの普及にご協力を賜りたいと思います。

第2章

傾聴ボランティアってなあに?

1 「聞く」と「聴く」って違うの？

私（ホールファミリーケア協会・鈴木）が「傾聴」の話をする際、参加者の方に「この会場にお話をすることが苦手な人はいますか？」と質問しますと、90％近くの人が手を挙げます。しかし、その後のロールプレイング（話し手・聴き手の役割演技実習）を行いますと、その話すことが苦手なはずの人が、ひたすらしゃべり続けます。それもイキイキと顔を輝かせて。

実は苦手というのは、大勢の人の前で話すのが苦手ということであって、1対1で自分の話に耳を傾けて一生懸命聞いてくれる相手がいれば、1時間でも2時間でも話をします。つまり安心して話せる環境があれば、たいていの人は話す側のほうが居心地がいいのです。

人間は本来、話を聞くよりも話をするほうが大好きという本質を持っていて、話すことの満足度は聞くことの満足度の何倍も高いそうです。

「神は私どもに2つの耳と1つの口を与え給うた。それ故、私どもはより多く聞き、喋ることを少なくする必要がある」

これは2500年前に実在したギリシアの哲学者ソクラテスの言葉です。遥かいにしえより、すでに話すことよりより多く聞くことのほうが大切であると、偉大な哲学者のソクラテスは説いています。しかし、私たちは生まれた時から「話すこと」を教えこまれ、価値づけられ、弁論大会、スピーチコンテスト、話し方教室などいつも「話す」ことが主役で、聞くという行為は耳があれば当たり前とされてきました。楽しいにつけ、悲しいにつけ、辛いにつけ、私たちはいつも誰かに自分の話を聞いてもらうことを望んでいます。そんな時一生懸命聞いてもらうと心が軽くなり、元気や勇気がわき上がってくる気がします。同時に、一生懸命聞いてくれた相手に好意を抱き、信頼を寄せます。それは、自分を受け入れ抱きとめてもらえたという心地よさが安心感につながるからです。

相手と良好な人間関係をつくりたいと思ったら、まずは相手の話を一生懸命聞くことが必要です。どうして聞くことが大切で、話す方は二の次なのでしょう。話し手は聞き手の反応が返ってこないことには、相手が自分の話の内容をどのように受け止め理解したのか分からないのです。聞き手は相手の話を聞きたくなければ、聞いたふりをしたり聞き流したりすることができます。その意味で一見、話し手が中心で話が進められていくように見えますが、じつは本当にコントロールしているのは聞く側だと言えるのです。

聞き方によってお互いの人間関係が大きく変化します。

① 傾聴する際の基本的態度で気をつけること

傾聴する際には、相手の話をありのままに受けとめて、「聴く」ことが大切です。そして、「ありのままに受けとめて聴く」とは、相手の話を、否定せず、自分の意見を押し付けもせず、また、自分の持つ価値観（考え方の枠組）で判断したりもせずに「受け止めて」聴くことです。そのためには、相手を一人の人間として認めるという基本的な態度が必要になってきます。相手が高齢者であるからとか、助言を求める悩み多き人であるからとかの理由で、あたかも相手が自分より下位にあるかのように思うことは厳に慎しまなければなりません。自分の考えとは随分違う話を聴くことがあります。そうした場合、話し手の話が必ず間違っているとは限りません。聴き手にとっては納得し難い話でも、話し手にとっては、そのように信じ、また、そのように生きてきたが故にそのように話しているのだということを先ず認める態度が必要です。

往々にして、傾聴ボランティアとして相手の話を聴く場合、自分は聴くことによって相手に何かをしてあげている、サービスを提供してあげていると考える人がいますが、「〜してあげている」と思うこと自体が、する側・される側という上下関係を生み出していることに注意したいものです。これは、傾聴ボランティアに限らず、ボランティア一般に当てはまることだと思いますが、ボランティア活動は自分自身の喜びのためにするもの、しかし、その活動は相手のサポートになる活動でなければ意味がない、サポートになり意味があると信じるが故にボランティア活動を続ける、という構図の中で、ボランティア活動は行われるべきものと考えられます。特に、相手の話を聴くことで支援をする傾聴ボランティア活動の場合には、人と人とのよい関係が構築されて初めて意味のある活動ができるわけですから、よい関係づくりが必須です。上下関係の中に人としてよい関係はあり得ません。相手を一個の人格として認めること、対等であることが大切です。そこには、学歴の違いや、貧富の差や、どのような職業に就いていたかとか、社会的な地位の有無ということも関係がありません。このように無差別的に人を見、人を容認する態度が必要です。そうした意識や態度を持つことによって、傾聴ボランティア活動をするあなた自身の世界が変わってきます。勿論、愛ある共生世界へ視点が広がっていきます。

相手をありのままに受けとめるということは、確かに難しいことです。人には、それぞれ、長い時間をかけて培ってきた自分の世界（価値観）があります。しかし、それをいったん横に置いて、相手の言うことを受け入れてみる、少なくともその努力をしてみると、確かに自分の世界は広がります。「なるほど、そういう考え方もあるんだ」、「そのような生き様、人生もあるんだ」と思うこと自体が、あなたの人生を豊かな、幅の広いものに変えます。傾聴ボランティアのあなたは、傾聴ボランティア活動の中で、きっとそのことを実感されます。そして、そのときのことを快く思われると思います。

そうです、大会社の部長さんだったAさんも、大工職人だったBさんも、その存在の意味においては等質だったんだと太っ腹に考えてみましょう。そして、人生の意味を、その果たした社会的な機能だけで判断するのではなく、その人自身がいかに充実した楽しい人生だったと思えるかどうかというところで、ご本人の意思に沿いながら、そのお話を聴きながら、考えたいものです。

②　普通の会話と傾聴の違いとは?

普通の会話と傾聴の違いは何でしょうか?

傾聴する際には、傾聴モードで相手のお話を聴く必要があります。まず、「聞く」ではなく、「聴く」、すなわち「傾聴」モードで聴くという意識が必要です。「聴く」ためには、肯定的、共感的、かつ受容的に聴く必要があります（「聞く」と「聴く」の違いについては、この章の③で詳しく説明します。とりあえず、ここでは「聞く」は、特別な注意を持って相手の話を聞くのではなく、いわば漫然と聞くこと、それに対し、「聴く」とは、注意深く、相手の言うことを肯定的に受け止めながら聴くことだとご理解ください）。

私たちは、普段「聴く」ことを意識しないで、他の人と会話をしています。そして、気がつくと、相手に対する批判、助言、果ては、自分自身の価値観の押し付けまでやっています。人にはどうやら、自分の意見や体験のほうが正しいという潜在的な意識や気分があるようで、意識的に、あるいは無意識的に、自分の意見を主張する癖があるようです。それは例え、強引な押し付け的な言い方ではない場合であっても、そうしたことは十分にあり得ます。自分の胸に手を当てて思い起こしてみれば、誰しもが思い当たるのではないでしょうか。

肯定的に聴くとは、相手の言うことを否定しないで聴くということです。「そうじゃないわよ、こうよ」、「アナタ、それ、違ってるわよ」、「そうじゃなくて、こうした方がいいんじゃない」等々、これが、アナタが普段行っている会話です。この傾向は、相手が悩んでいるときや相談を持ちかけられたときには、更に度合いを増します。アナタは、助言を与える役として、あたかも上位者であるかのように、自分の価値観を振り回します。

しかし、相談などの場合には、相談者はその答えを既に自分の心のうちに持っていて、他者であるアナタに確認を求めているだけの場合が多いとも言われています。相談の中には例えば、専門家として明確に助言をしたり方法論を提示したり、答えを出したりしなければならない種類の相談もありますが、そうした場合を除いては、通常、話し手（相談者）自身が決めた答えが、本人にとって一番納得の行くものです。その問題について、事情を一番分かっているのは本人だからです。

傾聴とは、単に相手の言うことを受け止めて聴くだけではなく、話し手がさらに多くのことを話せるように、そして多く話すことによって、自分なりに、悩んでいることについて考え方の整理が付くように支援することです。

「支援する」といっても、それは話し手本人に自分なりの解決に至るよう「仕向ける」という作為的なことではありません。

③「聞く」と「聴く」の違い

それでは、よい人間関係あるいはよいコミュニケーションを図るためには、どのような聞き方が必要なのでしょうか。

聞き方には2つあります。

「聞く」（hear）――音、音楽、言葉がただ漫然と「聞こえてくる」「耳を素通りする」、コミュニケーションのためにとりあえず相手の言葉を理解する。

「聴く」（listen）――耳と目と心を活用して注意深く一生懸命聴く。

信頼できる人間関係や心の触れ合う人間関係をつくるためには、本当に相手の人が言いたいことを聞く、即ち「聴く」ことが必要です。「聴」という漢字は「耳」「目」「心」からできています。ですから、「聴く」という行為は自分の五感をフルに使って「きく」ことです。「聴く」とは、「こちらの聞きたいこと」ではなく、「話し手が言いたいこと、伝えたいと願っていること」を、深い思いやりと温かい心で真剣に受けとめ、また同時に、話し手に関心を払い、その人を大切に思う、いわば特別な意味合いを持ったコミュニケーション方法のことであり、このような聴き方を傾聴（アクティブリスニング　Active Listening）と言います。

傾聴は、相手が安心して話せる雰囲気をつくって、相手の気持ちになって話を聴くことから始まります。そして、そうすることで相手に元気を出してもらい、抱えている問題（悩みや孤独、不安など）に自分で答えを見つけてもらう支援をすることであって、決して何かをしてあげることではありません。

④ 気持ちを「聴く」ことが大切です

人が話を聞いてほしいと思う背景には、話す事柄だけではなく、自分の気持ちや感情を聴いてほしいという願いがあります。ですから、話を聴くときは、話の事柄だけを追っていくのではなく、その事柄を語っている相手の気持ち（感情）を理解することが大切なのです。

例えば「随分辛い思いをなさったわね」とか、「それは不安だったでしょう」「とっても楽しい時間を過ごされたんですね」のように、事柄にともなう感情を明確に表現することにより、自分の気持ちを十分に理解してくれたと満足し、そこから信頼関係が生まれてきて、不安や心配事などの本音を言えるようになります。

気持ちをキチンと聴くためには、相手と丁寧に関わる、相手に深い関心を寄せる、自分に興味のない話でも関心を持って聴く（自我関与度を高める）ことが求められます。

⑤ 情緒的一体感を持つ

ともに居るだけでも役に立つという認識を持つことが大切です。そのためには、身体は側にいるが心ここにあらずでは一体感を共有できません。あなたのことを気づかって、あなたの心に寄り添っていつも側にいますよという心のメッセージを伝えることが重要です。時には言葉の介在がまったくないこともあるかもしれません。そんな時は一緒にテレビを見るだけでも、黙って一緒にお茶をするだけでもいいのです。人は自分のことを心から気にかけてくれる人が側にいてくれるだけで気持ちが落ち着きホッとするものです。その人といるということ自体がとても大切なこととプラスに受け止めてください。

次の体験からは、まさしく情緒的一体感を共有することの大切さがよく分かります。

【傾聴ボランティア　Bさんの事例】

「二人で炬燵の中に手を入れ、外の景色、木の揺れるのをずうっと見ていました。静かでした。途中で『この耳では随分苦労しました』とAさん。難聴の辛さが身に沁み出ているようでした。一番辛いだろうと思われる自分の難聴のことを、短い言葉ですが、やっと話してくれたように感じました。Aさんの傾聴を始めてから3ヶ月が経っていました。その日はほとんど会話せず、寄り添って外を見ていました。静かな、心に沁みる時間で、本当に心がひとつになったように感じた日でした。本当に傾聴をしたという気がしました」（傾聴ボランティアBさん・65歳からのレポート）

2 傾聴の意義を考える

次に、傾聴の意義について考えてみましょう。

① 聴くことは心の援助になります

聴くことは心の援助であり、傾聴にはそれだけで「癒し」の効果があります。

「人間にとって一番ひどい病気は誰からも必要とされていないと感ずること」（マザー・テレサ）。人間は小さな子どもからお年寄りまで、どんな人でも、愛されたい、認められたいという願望を持っていると言われています。高齢者が「死にたい」と口にするのは、うつ病等の場合は別として、「寂しいから自分のことを気にしてほしい」というサインであり、子どもの反抗もやはり親に関心を払ってほしいことの現れだといわれています。誰かに自分の存在を認めてほしい、受け入れてほしいと思うことは「存在認知」といって、水、空気、食べ物と同じように生きていく上でとても大切なことです。向き合って話をちゃんと聴いてもらえると、自分のことを分かってもらえた、受け入れてくれた、自分にも味方がいる、自分が大切に扱われているという実感を生み、自己肯定感につながり、生きる勇気、生きる元気を生み出してもらうことができます。

私たちの協会が行っている傾聴ボランティア活動の源となっている「シニア・ピア・カウンセリング」は、高齢者の健康に関わるアメリカのサンタモニカの診療所の医師たちが、高齢者は身体の治療のみでは真の健康とは言えない、心の健康がともなって初めて健康と言えるという気づきを元に、寂しさや悩みを抱えているお年寄りの話をキチンと聴く訓練を受けたシニア・ピア・カウンセラーを養成するプログラムを開発したことから始まりました。

私たちは自分に関心を持ってくれる人がいれば、心が癒され、孤独感や不安から開放されて元気になり、生きる自信をとり戻すことができます。青少年の自殺者の遺書に「シカトされた（無視された）」という言葉がみられるのも、ストレスからうつ病になっていくのも、周りにきちんと話を聴いて心を受け止めてあげる人間がいなかったからではないでしょうか。

話をきちんと聴いてもらうことは心の健康にとっても大切なことなのです。孤独感も寂しさも、悲しみも苦しみも、人でしか埋められません。人の気持ちを支えるのはやはり人なのです。

厚生労働省の「高齢社会白書」によると、平成19年の高齢者人口2746万人中、ひとり暮らしの高齢者は433万世帯で過去最高。高齢者だけの世帯が573万世帯（1146万人）で、独居高齢者と独居高齢者予備軍を合わせると、合計1579万人。残りの1167万人の高齢者は施設入居あるいは家族と同居です。（平成21年版「高齢社会白書」）

「年をとると世間の人たちに忘れられていくのが一番悲しい。忘れずに会いにきてくれてとても嬉しい。仕事でもないのに気にかけてくれるのがなお嬉しい。お医者さんよりいい」という話を聞いたことがあります。このような高齢者に必要なのは、お話し相手や相談相手になってくれる人であり、それらの人により提供される「心のケアサービス」です。

医学的には最近精神免疫学の研究が進み、話し相手や相談相手がいる人は、まったくいない人より免疫力が高まり、寿命や健康度に大きな影響を与えることが分かってきています。

② 一生懸命耳を傾けて聴く姿勢が本音を引き出す

日常的な会話だけでは、相手の本音を引き出すことはできません。話が深まって行きにくいのです。

「ご飯を食べたくない」と言われたとき、「間食ばっかりするからよ」とか「せっかく用意したのに」と答えると、ご飯を食べたくないとあなたに訴えている相手の真意をつかむことはできません。食欲がないからサッパリしたものが食べたいのか、少しなら食べられるのか、悩みがあって食欲不振なのか、丁寧に話を聴かなければ相手の思いが分かりません。本音を引き出すことで、相手が求めている本当の援助をすることができます。

③ 傾聴が相手にもたらす働きとは？

ゆっくり丁寧に「聴く」ことで相手が心の中で本当に思っていることの内容、感情、考えを引っぱり出すことができます。言っても仕方がないことだと分かっていても、言わずにはいられないこともあります。怒りまくっているとき、ひどく落ち込んでいるとき、特に感情の起伏がはげしいときほど、一生懸命話を聴いてもらうと気持ちが落ち着いてきます。そして聴いてもらうことで考えが整理され、問題や要求の輪郭が鮮明になり、主訴が明確になってきます。全部気持ちを吐き出して感情を発散させるわけですから、心が浄化されカタルシス効果が生まれ、不安や怒りが自然に消えてプラス思考になってくるのです。

今まで「もう駄目、イヤ、できない」と悲観的に物事をとらえていたのに、「じゃあ、こうすればいいのよね」と自分で言い出します。実は人間はどんな人でも、自分の問題は自分で解決するエネルギーと能力を持っていると言われています。

聴くことには、それも上手に聴ければ、このような潜在能力を引き出す力があると同時に、生きる元気を持ってもらうことができます。

【事例】（鈴木の体験）

生きる元気といえば、傾聴ボランティアをした中で忘れられない体験があります。86歳の施設入居の女性の方のお話し相手を10ヶ月程させていただいたことがありました。旧家の出で、嫁ぎ先も名家、息子さんも超エリート。ご主人を亡くされた後、施設に入居されたという方でした。傾聴ボランティアを始めて3ヶ月くらいは恵まれた娘時代のお話を繰り返され、施設への入居も同居していた息子夫婦に迷惑をかけたくないと自分から選択したのだと、いつも気丈に語ってくれました。しかし、その言葉とは裏腹に何か切ない思いを秘めていらっしゃるような気配……。3ヶ月くらい経ったある日ポツンと「嫁とうまく行かず、嫁が家を出るか、私が別居するかというところまで行ってしまって……」。初めて胸のうちを明かしてくれました。それからは、自分が家を出なければならなくなった理不尽さをポツリポツリと聞かせてくれました。

「鈴木さんがみえる日は、どんな洋服を着ようかしらといろいろ相談されるのよ」と施設の職員さん。そういえばいつも綺麗に化粧をして待っていてくれました。そんな彼女が病いに倒れて病床に。ノドに何か詰まるような気がするの、食欲がないのと言いつつ、うかがうと元気なお声でアレコレお話をしてくれました。ある日「鈴木さん、ありがとう。あなたにいろいろ聞いてもらって本当にスッキリしたわ。誰にも言えずにお墓の中まで持っていかなければいけないのかしらと思っていたのよ。死に花を咲かせてもらったわ」と言われました。そしてまもなく容態が急変して亡くなられました。

彼女にとって死は避けられなかったことです。しかし同じ死でも様々な思いを残して死んでいくのと、思いの丈を吐き出して死を迎えるのとでは随分質的に違うのではないでしょうか。

④ 傾聴は自己成長を促す

傾聴は自己成長を促すと言われていますが、これはどんなことを言うのでしょうか。傾聴するときには、相手の話を否定せずに、受け止めて聴きます。相手の話を受け止めて聴くということは、相手の多様な話を受け止めて聴くということです。すなわち、多様な価値観や意見に気づかされるということです。普通の日常の会話の中では、人は、自分とは違う意見や価値観を認めることはなかなか難しいものです。しかし、傾聴ボランティアは、傾聴モードで一生懸命聴くことで多様な価値観や意見を尊重することを学び、同時にこうした多様性に対する認識を身に付けることによって、自分の人生をより豊かにすることができます。これがすなわち、傾聴を通しての自己成長となります。

また、様々な人の話を聴くことによって、自分がこれまで知らなかった事柄をたくさん知ることができるという意味においても、学びと自己成長があります。いかに経験豊富な人と言えども、一人の人間がその人生の中で体験できることには限りがあります。多くの人の話を聴けば聴くほど、自分の世界は広がります。

また、傾聴においては、基本的に、相手の立場を尊重するという姿勢が求められますが、このことを更に敷衍して言えば、人は皆、いかにその社会的な境遇や生い立ちが異なっていようとも、「生き、そして死ぬ者」としての価値、すなわち存在の価値においては等価値であるとの気づきも大きな意味があるのではないでしょうか。こうした気づきを持つということも、自己成長の中の大きな部分となります。

第3章

実際にやってみよう、誰にでもできる傾聴

傾聴は誰にでもできます。ただし、一定のトレーニングによって、いくつかのスキルを身に付けることが必要です。そして、このスキルを身に付けるトレーニングも誰でも受けることができます。「傾聴って大事で必要なことなんだ」と思っていただければ、こうしたトレーニングも決して苦痛ではなくなるのではないでしょうか。

もちろん、傾聴のトレーニングは、傾聴が上手くなるためだけにするのではありません。相手とのよりよい人間関係の形成が一番大切なことですので、そのためのトレーニングと思っていただければ、より納得していただけるのではないでしょうか。

1 いい聴き手になるためのコミュニケーション・スキル

① 自分の口を閉ざす練習をすること

傾聴は自分の口を閉ざして聴く芸術とも言われています。「聴き上手は話さない」が原則です。あなたがペラペラとしゃべったら、相手が話すことができません。相手が話す、あなたは聴いて少なく返す、また相手が話す、あなたは聴いて少なく返す。7：3くらいの割合でコミュニケーションを図ってください。もちろん「7」は相手で、「3」が聴く側のあなたです。

傾聴はいつも相手が主人公であり、王様であることをお忘れなく。

②　相手の人格を尊重する

人にはそれぞれ生きてきた歴史があります。その上に培われた多様な生活スタイルや価値観を認め尊重することがいい聴き手になるために求められます。相手の人格を尊重するということは、相手の考えや意志を大切にすることです。

■相手を尊重するための四戒

●助言（アドバイス）をしない。

●結論を出さない（話し手本人が出した結論が一番妥当である）。

●お説教をしない。

●自分の考えを押し付けない。

他人からアドバイスをされても、自分が納得していなければ考えや行動の変容に結び付きません。意見を求められたときは、「そうですね……」と言ってしばらくの間、沈黙する。そうすると相手が自分で「こうしたいんですけど」あるいは「こうしようと思うんですが」と答えを出してくることが往々にしてあります。

また、「どうしたらいいのでしょうね？」と訊かれたら、「どうしたいとお考えですか？」「どう思っていらっしゃるのですか？」と返せば、あなたが助言したり、あなたの考えを押し付けたりしないですみます。

ただし、話し手が具体的な情報を必要としているときは、簡潔に答えてあげてください。あくまでもあなたの考えではなく具体的な情報です。

例えば、

話し手：「そろそろ施設に入居しようかなと考えているんですが、どこかいい所を知りませんか？」

【悪い例】

聴き手：「今度○○にできたAという施設は、食事は美味しくて、職員さんも親切みたいですよ。入居金も安くてとてもいいそうですよ」

【良い例】

聴き手：「今度○○にAという施設ができました。入居者数は○○人で全部個室です。食事は和食・洋食から好きな方を選択でき、職員も××人いて、入居者2人に1人の対応が可能だそうです」

悪い例はあくまで聴き手の主観です。良い例は客観的な情報の提供に留めています。

③　相手の話を、相手の身になって、素直に聴く「共感」を身に付ける

共感とは自分が体験、経験したことのない話でも、相手が感じていることを相手の身になって同じように感じようとすることです。相手が「寂しい」といったら、「あっ！　この人は今、寂しいと思っているんだあ」と素直に相手の気持ちを受け止めます。話し手にとって聴き手が自分の話をいい加減な態度で聞いていたら、話す気がなくなってしまいます。「共感」的に聴くということは聴き手にとって必須要件です。

■共感で大切なことは「自分の気持ち」でなく「相手の気持ち」

相手の話を受け止める時、相手の言った内容を、そのままには、なかなか聴けないものです。これは相手の話を聴くときに自分の気持ちや価値観で聴いてしまうからです。特に同じ経験をしていたりすると、自分では分かったつもりで先走りがちです。自分の気持ちを脇にどけて、心をまっさらにして聴く練習をすると共感が自然に身に付いてきます。

■共感に似て非なるもの

●同感：同じような経験をしているとつい出てくる言葉に「分かります」「分かる、分かる」があります。

話し手：「1年前に主人がガンで亡くなりました。いまだに何にも手がつかないのです」

聴き手：「分かります。そのお気持ちはよーく分かります。私も3年前に主人をガンで失くしましたから」

これは一見共感のようですが、実は似て非なるもの、同感なのです。ガンでパートナーを失くしたという共通点はあったとしても、それに対して、どんな気持ちなのかは一人ひとり違うはずです。安易な「分かる」は厳禁です。

●同情：相手の話を聴いていて自分の中に起こる「可哀想に」「何とかしてあげたい」という気持ち。

聴き手：「それはお気の毒ですね、お寂しいでしょう、私にできることがあったら何でもおっしゃってください」

これは可哀想だから何かしてあげたいと相手を上から見てしまっています。共感ではなく同情です。

共感、同感、同情、この3つを混同しないことが肝要です。

④ 相手を評価しないでありのままを受け入れる（受容）

受容とは、その人の「あるがまま」を受け入れることです。受容で大切なことは相手を評価しないということです。例えば「もう少し人のことを悪く言わなければCさんはいい人なのに」とか「Kさんの暗いところが苦手なのよねぇ」というのは、その人を丸ごと受容していることにはなりません。よいところも悪くみえるところも含めてその人なのです。人は各々自分の基準（枠組み）を持っていて、誰もが自分の基準は正しいと信じて、その自分の基準が相手をはかる尺度になってしまいがちです。

自分の基準に合わなくても、それが無価値であったり、間違っているということではありません。受け入れて話を聴くことが必要です。相手の人の価値観や考え方を尊重しましょう。どんな人でも自分の人生の主人公であり、侵されることのない尊厳があることをお忘れなく。

⑤ 自己一致とは？

よい聴き手になるためには、聴き手として自己一致が必要です。自己一致とは、聴いているときの状態が、自然な状態の自分であることが大事ということです。例えば、相手の話を聴いているときに、どうしても自分の考えや価値観と相容れないことも場合によってはあり得ます。こうしたときに、無理をして、あるいは、自分を偽って共感している振りをするのは不適切です。また、そうした見せ掛けの共感はすぐに見破られてしまいますので、相手との信頼形成には役に立ちません。どうしても共感できない場合は、相手を否定することなく、自分にはどうしても十分共感できない旨を表明することも大切です。このように聴き手の聴く態度・感情と対応が一致していることを、聴き手自身の自己一致と言います。また、この自己一致のことを純粋性と言うこともあります。

⑥ より多様な経験を

「共感する」「受容する」といっても、実際にはなかなか困難なことです。

特に自分が見聞きしたことのないこと、あるいは経験したことのないことについての話を聴く場合には、なかなかピンと来ないで、相手の話が宙を彷徨うということもあり得ます。そこで、傾聴ボランティアには、常日頃からできるだけ多くのことに関心を持って、知る、見る、触れる努力をすることが求められます。

しかし、人間が経験できることには自ずと制限がありますので、一番手っ取り早いお勧めの方法は、できるだけいろいろな分野の読書をすることです。疑似体験とまではいかないにしても、読書をすることによって、様々なことについて知識や思いを深めることができます。相手の話題についてイメージくらいは持つことができるはずです。

しかし、この場合でも、話の主役はあくまでも話し手であり、あなたが本から得た知識は補助的なものにすぎません。よく分からない部分については、好奇心を示しながら、相手に尋ねることが肝要です。あなたの話をもっと知りたいという態度で話を聴くことがもっとも大事なことですが、その場合でも、全然何も知らないで話を聴くよりは、多少は相づちを打つことができるような状態で話を聴くことができれば、それに越したことはないでしょう。

2 傾聴の心構え

① 一般の会話とは違うというモードの切り替えをしましょう

第2章②の「普通の会話と傾聴の違いとは?」(46ページ)を参照してください。

② 礼儀正しく敬意を払う

人間はどんな人でもプライドを持っています。特に高齢者の方にとっては、プライドが生きる支えであるといっても過言ではありません。身体の諸機能は徐々に低下していきますが、長い人生で培ってきた経験と知識の豊かさ、信念、生活の知恵、賢さなどは、年齢とともに高くなることを認識しておく必要があります。自尊心に配慮した接し方が大切です。尊敬語で話すことによって、自分は大切にされているという気持ちになり、信頼関係につながっていきます。

■相手を「○○さん」などと姓できちんと呼びましょう

あるいは何とお呼びすればよろしいですかと尋ねてください。親しそうな呼び方をしてもらいたい様子が見受けられたら、「○○子さん」などと名前で呼びかけて話すようにすると、コミュニケーションに親しさが加わってきます。時には方言もいいかもしれません。また認知症が進んだ女性などでは旧姓や下の名前でないと反応がない場合もあります。「おじいさん」「おばあさん」は相手がそのように呼んでほしいと望まない限り使わないほうが無難です。

■親しみを込めることと幼児言葉は違います

以前ある施設を見学したとき、「お手々をつなぎましょうね」と言っているのを耳にして唖然としてしまったことがありました。たとえ認知症の方であったとしても、一人のかけがえのない存在として接することが大切であることはいうまでもありません。

③ 言葉以外のコミュニケーション（非言語的コミュニケーション）の重要性

私たちは普段話をするときに、何に一番注意しながら話をしているでしょうか。当然言葉の内容に注意することだと考える方が多いのではないでしょうか。アメリカの心理学者メラビアン博士の研究によれば、コミュニケーションで相手に伝わっているものを全体の１００％とすると、言葉そのものである「言語コミュニケーション」で伝わっている部分はたったの7％にすぎません。声のトーン、大きさ、話すスピードといった声からくるイメージが38％。残りの55％は表情、身ぶり、姿勢といった視覚から受けるイメージなのだそうです。93％が言葉以外の「非言語的コミュニケー

言葉の内容が伝わる割合

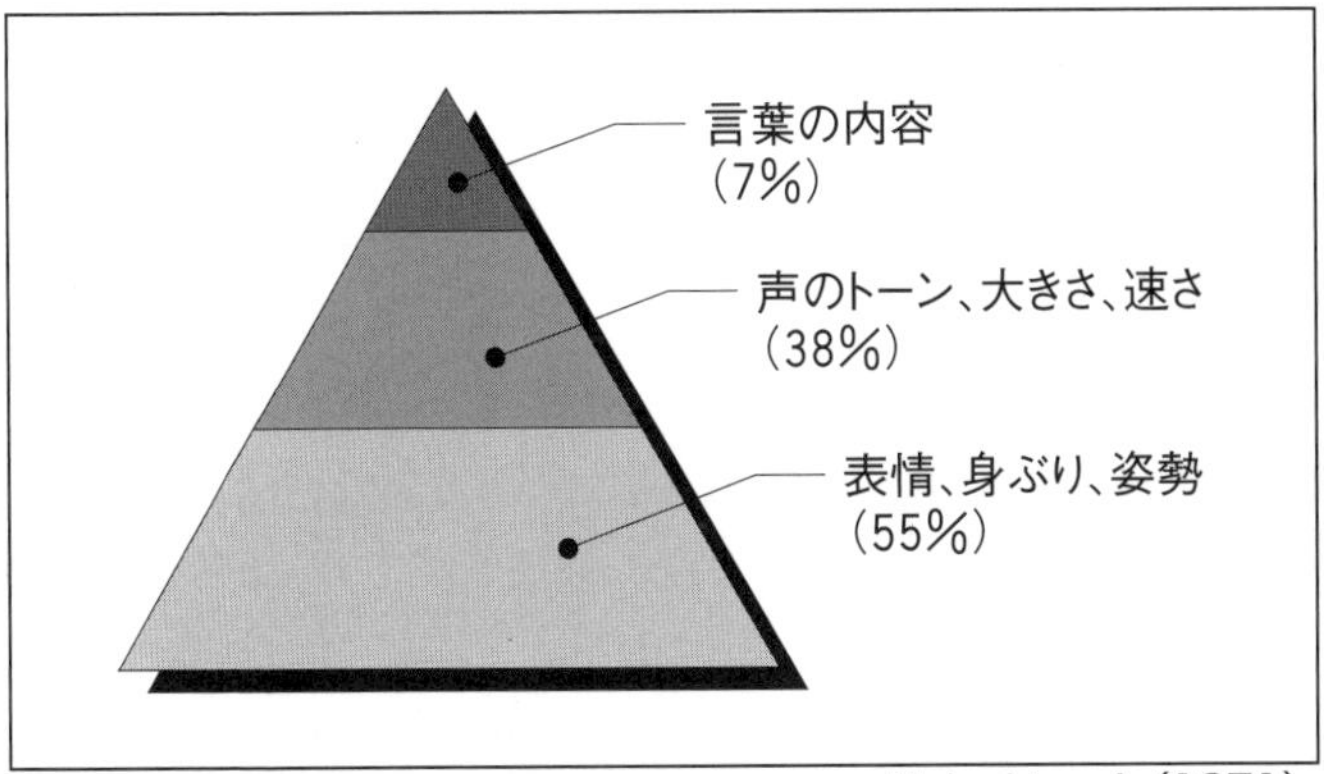

Mehrabian. A（1971）

ション」で伝わっているのです。

言葉の内容を相手にキチンと伝えようと思ったら、言葉以外の非言語的コミュニケーションへの配慮が不可欠です。

「今日はお話を聴かせていただきに来ました。何でもおっしゃってください」と言いながら、目をキョロキョロさせたり、貧乏ゆすりをしたり、腕組みをする相手に傾聴してほしいと思う方はいないはずです。「本当はあなたのお話なんか聴きたくないの」と言っているようなものですから。しかし、私たちは、こうした非言語的な表現を無意識のうちにやっていることが多くあります。気をつけたいものです。

■大事なことは言葉の裏側に隠されています

心の動きは、声のトーンや大きさ、話すスピード、目の動き、顔色、しぐさ、雰囲気、表情、態度などに現われるものです。特に高齢者は遠慮や気遣いから、自分にしてほしいことや、言ってほしいことでも我慢してしまう傾向があります。一番聴かせてほしい肝心なことはなかなか言葉で表現してくれません。大事なことは言葉の裏側に隠されていて、言葉以外の方法で伝えている場合が多くあります。変化に注意することが必要です。話しているスピードが急に落ちたり、手で小物をいじり始めたりというような変化は感情の動きを反映しています。

相手をよく観察し、そこから発せられるサインをキャッチするために、日頃から五感を鍛え、感性を磨いて豊かにすることは、よい聴き手としての必須条件です。

④ 相手のペースに合わせる

人にはそれぞれその人の持っているペースというものがあります。話を聴くときはペーシングといって、あなたのペースではなく相手に歩調を合わせながら聴くことが必要です。要するに「呼吸合わせ」です。

疲れているときに、相手に早口でワッとしゃべられたりするとどんな気持ちになりますか?辛く、悲しい気持ちでいる時に元気よく大声で対応されたら?

「この人は、私の気持ちが分かっていない」と気持ちを閉ざされてしまいます。ゆっくり話す相手にはゆっくりと。間や沈黙を上手に活用して聴きましょう。表情も相手の鏡のように。一般に、年をとると自分の考えていることを素早く上手に伝えることが難しくなってきます。相手の話を聞いてすぐに反応することができなくなってくるのです。何を言われたかを考え、整理し、理解してやっと返事が出てきます。決して急がせないこと、じっと待ちましょう。聴き手がイライラすると、話し手の話す意欲を損なわせたり不快感を与えたりします。最後までじっくりと話を聴く姿勢を示すことで、相手は安心して話すことができます。ゆっくり、ハッキリ、そして分かりやすく短いセンテンスで話すのがコツです。

⑤ 沈黙を恐れない

会話の途中で相手が急に黙りこんでしまうと、「ああどうしよう、何か言わなくちゃ」と思って焦ります。

そこで話題を探して余計なことを言って、逆に気まずい雰囲気を醸し出すことがあります。沈黙は相手が話し始めるのを待っている時間だと考えましょう。相手が沈黙するときは、意味があるのです。

次のように考えると沈黙を意味あるものとして捉えることができます。

- 自分の考えをまとめるために、少し待ってほしいと望んでいる。
- 迷っていたり、悩みを抱えている人はそれをどう伝えるか考えている。
- 人は大事な話をする前は沈黙する。
- 決定的なことを言う前は沈黙する。
- これ以上話をしたくない、とあなたを拒絶している。

長く感じても、多分相手が沈黙している時間は20秒~30秒くらいなものでしょう。聴き手がゆったりとした態度で待つことが大切です。それでも沈黙が続く場合は、「今どんなことを考えていらっしゃるのですか?」とさりげなく訊いてみてください。ただ、悲しかったり、寂しいときには、時として言葉を必要としないこともあります。このようなときには何も言わずに黙って手を握るなどして側にいるだけでもコミュニケーションになるということを覚えておいてください。

⑥ 集中力と忍耐を養う

人の話を聴くには集中力と忍耐がいります。

一方的に聴き手にならなければならないときは疲れるものです。何故なら(前にも言いましたように)人間は話すことのほうが好きでいつも誰かに話を聴いてほしいと思っているからです。プロのカウンセラーでも1回50分から1時間が限度だそうです。

同じことの繰り返しの話を聴くような場合は特に疲れますが、このような場合でも初めて聴くような態度で聴くように心掛けましょう。

「そのお話はこの前うかがいましたよ」と何気なくいった言葉が、「ボケてきたのでは……」と相手を不安にさせることもあります。自分にとって大切だと思うことは何回でも聞いてほしいのが人間です。

親の昔話を聴くことが苦手な人が多いようですが、昔話を聴くことは、人生の後半において、高齢者自身が歩んできた人生の再確認をする作業のお手伝いをすることです。昔話をすることによってイキイキと輝いていた頃の自分を蘇らせ、そのことが心を活性化させ、生きるエネルギーを生み出します。あなたの周りにいるお年寄りの方たちに長生きしてほしいと望むなら、どうぞ一生懸命辛抱強く昔話を聴いてあげてください。

忍耐と同時に集中力も求められます。心を寄り添わせ、話し手の気持ちをくみ取るためには全身を「聴く」モードにしなければ、話し手が本当に伝えたいこと、聴いてほしいことをキャッチすることはできません。「聴く姿勢」が求められます。

⑦ 心を穏やかに保つ

聴き手である自分自身が孤独感や不幸感に浸っていたら、相手に共感して話を聴くことはできません。自分の感情を抑えて相手の話に合わせていても、どこかで態度に出てしまいます。常に相手の話を素直に聴くためには、心を穏やかに保つことが大切です。そんな穏やかな心は自分でつくるしかありません。

⑧ 巻き込まれない

話を聞いているうちに相手の話に巻き込まれたり、自分の心の中に痛みや不安が湧いてくることもあります。「巻き込まれ」には行動的なものと精神的なものの2種類があって、行動的巻き込まれは、例えば、高齢者施設の話が出たときに、「私が案内書を取ってきてあげます」と行動に移してしまうことであり、精神的巻き込まれは相手が不安だと一緒に不安になってしまったり、相談の問題を自分の問題のように感じてしまうことです。しかし、相手の悩みはあくまで相手の悩みであって、あなたの悩みではありません。肩代わりをすることはできないのです。また、親密度が深まってくると、「あの人については私が一番よく知っている」「あの人は私でなければ」と抱え込んで独善的になりがちです。自分ができないときはきちんと断ることが必要なこともあります。傾聴は相手の心の援助をする役割であることを常に頭に置きたいものです。

分かりやすい例でいうと、経済的に苦しんでいる人がいた場合、傾聴ボランティアがすべきことは、その方の話を十分に聴いてあげることであって、その人にあなたのお金を貸してあげることではありません。経済的に苦しい状況についてお話をよく聴くことで、その人自身が公的な機関に相談する気になるとか、あるいは自分でこのようにやってみようという気になるように支援をすることが、私たち傾聴ボランティアのすべきことであり、それ以上ではありません。相手の話を思いやりを持って、温かく傾聴するということは、お金を貸すというようなことではありませんので、十分注意したいところです。

⑨ 守秘義務の遵守と報告事項

傾聴ボランティアは基本的に聴いたことは話さない、という守秘義務を負っています。プライバシーに関わることは、秘密事項として取り扱わなければなりません。どんな些細なことでもです。ただし、自分の手に負えない問題や心の病い、命にかかわってくる病気の予兆、あるいは認知症症状の芽を感じた時には、施設での傾聴ボランティアの場合は担当職員へ、個人宅への訪問なら、派遣元の社会福祉協議会、ボランティアセンター、地域包括支援センター、または直接依頼主の家族等へ報告する必要があります。ただし、報告の際には本人の了承を得ることが原則です。これは、相手と信頼関係を築き継続させていくための大切な約束事です。

うつ症状等の判断は、医師ではない傾聴ボランティアがすべきではありませんが、うつ症状等は、食欲がない、便秘ぎみ、不眠である等、身体的な症状に現れることが多いので、そうした会話やサインは見落とさないようにすることが大事です。

3 傾聴を行うときの注意点

人は話を聞いたり相談を受ける際に、往々にして相手の立場に立って話を聞いていなかったり、相手を傷つける言葉や態度で相手をいやな気持ちにさせたりすることがあります。そして、もう話したくないという気持ちを起こさせてしまうことがあります。

そんなときは、話を聞く際にやってはいけないことを、知らず知らずのうちにしているのかもしれません。いい聴き手になるために、ついやりがちなことをもう一度再認識しておきましょう。

① 話は最後までキチンと聴く

人は誰でも聴き手に回ると飽きるものです。特に相手の話が要領を得ないと、ついイライラと口を挟みがちです。話の途中で口を挟んで話の腰を折ると、相手は何を言おうとしたのか分からなくなり、伝えたいことが上手に話せなくなってしまうことがあります。また、感情を害するだけでなく、黙りこんで口を閉ざしてしまうことにもなりかねません。特に、相手の話を横取りして自分の話にしてしまわないよう気をつけましょう。

例えば、
話し手：「来月、福島の牧ノ原温泉へ行くの」

聴き手：「ああ、牧ノ原温泉なら、私、先月さくらんぼ狩りをしに行ってきました。一番大きな○○ホテルへ泊ったんですけどお風呂がとてもよくて。牧ノ原温泉へ行く途中に昔の街並みを再現した観光スポットがあって散策したんですけど、よかったですよ……」

これでは、どちらが話し手でどちらが聴き手なのか分からなくなります。話し手はあなたに自分が楽しみにしている温泉行きの話を聞いてもらいたいのであって、あなたの感想を聞きたいわけではありません。こういう場合は、「牧ノ原は私も行ったことがあります。○○さんはどんなコースで行くのですか?」などと質問をすると相手は自由に話したいことが話せます。また、日本人の話し方の特徴として、話したいこと、本音は最後に出てくると言われています。最後までキチンと聴かないと大事な事柄、相手の言いたいことが分からないまま終わり、お互いに未完了感が残ってしまいます。相手の話に付き合う辛抱強さが問われます。

② 相手の話に反論したり、批判したり、否定しない

相手の話を聞いたとき、反論したい気持ちや相手に対する批判、否定が生じてイライラすると、もう共感して素直に話を聞くことが困難になります。私たちはみんなそれぞれ自分の枠組みを持っていて、過去の経験、立場、好み、体調、生い立ち、教育、性格、価値観などから枠組みを作り上げています。

●枠組みは一人一人違う。
●誰もが自分の枠組みが正しいと思っている。
●傾聴するときは、自分の枠組みを脇にどけて相手の枠組みを受け入れてみてください。そして魔法の呪文をとなえてみてください、「あっ、そういう考え方もあるんだよねー」と。不思議と心

が穏やかになり、相手の話が素直に聴けるようになります。

③ 安易に元気づけない

話し手A：「もう十分長生きしたから、早くお迎えがきてほしいね。生きていたって周りに迷惑かけるだけで何もいいことないし……」

聞き手B：「Aさん、そんなこと言わないでくださいよ。十分に長生きしたって、まだ73歳じゃないですか。いいこともこれからたくさんありますよ。元気出して楽しいことを考えましょう」

と何の根拠もない元気づけは、あまり意味がありません。元気づけが必要な場合もときにはありますが、相手が悲しい顔をしているのに、安易な元気づけは話を聴いてくれていないと思われてしまいます。

④ レッテルを貼らない

レッテルを貼ることをラベリングと言ったりします。これは相手を何かの考えや理論に当てはめて診断したりすることです。

話し手A：「最近よく眠れないの、夢をみてチョコチョコ目が覚めるし、食欲もないのよ」

聞き手B：「あら、それはね、自律神経失調症よ。何か心配事があって、心の内に抑圧された不安が夢になったり食欲減退につながっているのよ。それってよくないのよ」

などと決めつけてしまうパターンです。話の本質がずれて、相手は自分の気持ちを分かってもらえないと感じ、口を閉ざしてしまいます。

⑤ 自分に興味のある、勝手な質問をしない

質問は相手をよりよく理解するために、または、相手の抱えている問題を明確にするためにするものです。そのための必要な情報収集の枠で留めておきます（相手の語ったことと関連のあることを質問してください）。

誰にでも人に触れられたくない部分があります。好奇心から探りを入れるような質問は不信を招きます。プライベートな質問はできる限り慎むべきです。ついやりがちな質問に「年齢を訊く」というのがあります。人によっては「70歳を過ぎたらもう年齢はありません」とハッキリ拒否される方もいます。ご自分の年齢をおっしゃりたい方はこちらから質問しなくても伝えてくれますので、年齢に関する質問は要注意です。

⑥ 相手の話を自己流に解釈しない

人間はどんなに相手の立場に立って話を聴いたつもりでも、長年の癖で相手の話を自分の聴きたいように聴いてしまいがちです。

自分の聴きたいように聴かないためには、「今、あなたが話してくださったことを私は○○○のようにお聞きしましたけど、それでよろしかったでしょうか」と確認をするとよいでしょう。この確認によって話し手と聴き手の間に生じるズレを防ぐことができます。

4 上手な聴き方のコミュニケーション・スキル

上手に聴くためには、相手に話の引き出しをできる限りたくさん開けてもらうことが必要であり、そのためにはスキル（技能）を要します。

スキルとは、自動車の運転や水泳と同じで、一度身につけると自然にできるようになります。先ずは、意識して練習しましょう。

傾聴は、何といっても相手との信頼関係（ラポール）の構築が第一です。快く、気持ちよくあなたを迎えてもらい、安心して話をたくさん聴かせてもらうためには、相手によい印象を与え、温かい雰囲気をつくることがまず傾聴の第一歩になります。

どんな点に気をつけたらいいか挙げてみました。

① 相手が話しやすい雰囲気をつくる

■**距離**…話をしやすいという距離があることをご存知ですか。まず握手が無理なくできる。相手のひざに自然に手を置くことができる。肩に手をかけるなど、親しみのあるコミュニケーションを取るためには1２０cmくらいの距離を目安にするとよいでしょう。お互いに信頼関係が成り立ってきたと感じたら、45cmくらいまで近づくと心の距離も近くなります。しかしこれはあくまで目安であって、一番よい距離は相手に尋ねることです。

■**座る位置**…真正面に向かい合って座ると、何となく相手に精神的な圧迫感を与えます。相手と直角の位置か斜めあるいは横に座るとリラックスしてもらえると言われています。

■**姿勢**…話を聴くときには手を組んだり足を組んだりするのは厳禁です。この姿勢はあなたの話を私は聴きたくありませんと拒絶するポーズです。背スジをあまりピンとのばしてしまうと相手に威圧感を与えます。心もち背を丸くするような気持ちで。また椅子に座る場合はちょっと浅めに腰かけ、身を少し乗り出すようにすると、一生懸命聴いているということが相手に伝わります。

■声…高い声はトーンを抑えて低めに。特に高齢者の場合は高いトーンで話されると言葉ではなく音としてしか耳に入ってこなくなり、話しかけられているのは分かるのですが、話の内容を理解することができないということがあります。落ち着いた声でゆっくりと、ハッキリと、が基本です。

② 相手との出会いを大切にする

■アイコンタクト…やさしいまなざしでしっかりと相手の目を見ましょう。

目線は相手と同じ高さに合わせます。相手の目を見るといっても、話を聴いている間中、じっと見続けるのは、お互いに疲れます。そんなときは、話し手の額、眉毛の間、頬、口元などに視線をはずします。そして、話の大事なポイントでは、しっかり目を合わせることです。

■笑顔…明るく親しみをこめた笑顔を向けられて腹を立てる人はいません。それどころか誰もがホッとします。笑顔は相手の心を癒したり、励ましたり救ったりする万能選手です。協会の修了生Aさんが初めて傾聴ボランティアとして高齢者の元にうかがったとき、相手の方から「あなたは笑顔のきれいな人ね。だから、あなたっていい人なのね。私、何でも話してあげるわ」と言われて、その後、とてもよい関係を築くことができたそうです。笑顔に元手は要りません。しかし笑顔によるご利益は最高です。

■挨拶…初対面の場合は、まず相手に安心感を与えるために簡潔な自己紹介と訪問の目的を明確に伝える必要があります。「こんにちは。今日は○○さんと、楽しいお話でもさせていただけないかと思ってまいりました。お話し相手ボランティアの○○○です。どうぞよろしくお願いします」と礼儀正しくはっきりとフルネームを名乗ります。この際、「傾聴ボランティアの○○○です。さあ、お話を聴かせてください」と強く迫るのは控えましょう。

■自己開示…相手の気持ちをほぐすために、軽く今の自分の気分や今朝の出来事などを話すと相手も話しやすくなりコミュニケーションがスムーズにスタートします。「お天気がいいので気持ちがいいですね」とか、「こちらにうかがう途中、クチナシの白い花が咲いていてよい香りがあたり一面にただよっていて、とても幸せな気分になりました」、「どんなお話を聴かせていただけるのか楽しみで胸をワクワクさせながらうかがいました」等々。

■褒める…「褒める」とは、相手の魅力、能力を見出し、認めることです。人間には幼な子から高齢者まで褒められて悪い気のする人はいません。特に年齢を重ねると褒められることが少なくなってきて寂しいものです。「イヤー、そんなー」と口では照れながらも褒めてくれた相手に好意的な感情を抱くのが人間の性です。女性の場合は服装や髪、身につけている物や身だしなみなど、例えば「オシャレなブローチですね。今日のセーターにマッチしていて素敵ですね」、「色がお白いからピンクの口紅がとってもお似合いですよ」など、何かひとつ心に感じたことを素直に言葉で伝えるとよいですね。

■話題…相手に気持ちよくいろいろなお話をしてもらい、お互いの関係をさらに親密なものとするためには話題の提供も大切です。食物の好み、趣味、出身地、出身校、血液型、干支などが同じだと何となく相手に親近感を抱いたという経験はありませんか。これは「類似性の法則」と言って人間は自分と似たものを好むという習性を持っているからです。お互いの共通項がぐっと心の距離を縮め会話が盛り上がります。また、高齢者の場合には幼い頃や思春期の頃の懐かしい思い出話、過去の成功体験、誇れる仕事、楽しい思い出、尊敬している人など、一番輝いていた頃のことを聴き出すようにすると、そのことを思い出すだけでもエネルギーが湧いてきて生きる活力を引き出すことができます。

③ 相手の様子を観察して相手に合わせる

相手が今どんな状況（気持ち）で自分の前にいるのか把握する必要があります。それによって自分はどのような対応をするべきか決めることが大切です。

●ただ話を聴いてほしいだけなのか↓（対応）タイミングよく上手に相づちを打つ
●元気づけてほしいのか↓（対応）元気のでる話題づくり
●悲しい・つらい気持ちを分かってほしいのか↓（対応）声のトーンやスピードに気をつける
●寂しい↓（対応）優しい笑顔とスキンシップ

言葉で発せられるメッセージ以外に、表情、顔色、身振り、態度、声のトーンなどの非言語的コミュニケーションが重要な要素になります。この観察は相手と出会った瞬間から始まり、よいコミュニケーションを図るためには欠かせないプロセスです。例えば、あなたが落ち込んだ気分でいるときに相手があなたの気持ちを無視して大きな声や元気溌剌な態度で接したとしたらいかがですか。その人に話を聞いてもらいたいと思いますか？　相手が悲しそうなときには、相手の悲しそうな表情に合わせて、また、嬉しそうに話していれば、こちらも嬉しそうな表情で、と鏡のように相手の表情に合わせることが大事です。話し手は「私の話を真剣に聴いてくれている」「私のことを分かってくれている」と感じ、信頼につながっていきます。案外と気がつかない落とし穴です。

④ 相づち・うなずき・促し

人の話を聴くとき、もっとも大切なことは、相手に「私はあなたの話をちゃんと聴いています」と伝えることです。相づち・うなずき・促しはお互いのコミュニケーションを図る中で潤滑油の役目を果たしています。相手の話にタイミングよく相づちを打ったり、効果的にうなずくと話し手は話しやすいものです。

話し手：「今度の日曜日、みんなが集まって私の誕生日会をやってくれるんですって」

聴き手：「あら、そうなの」

では、それだけで話が終わってしまいます。

聴き手：「まあ、素敵！　それは楽しみねエー。どんな方が参加されるの？」

と話の先を促せば、さらに会話が進んでいきます。相づち・うなずき・促しは「あなたのお話を私はちゃんと聴いていますよ」と相手に伝える最良の手段なのです。この時にほほえんだり、目を丸くしたり、その相づちに合った表情をつけることも忘れずに。そして色々な相づちの言葉の引き出しを常日頃たくさん用意しておいてください。

●相づちの例…なるほど、そうですね、まあー、そうそう、へえー、あーそうですか、ホオー、あらら−、ふーん、それで、それから

●注意する相づち…「でも」「だって」等々、この相づちは、多くの場合、相手の話を否定するニュアンスを持っていますので相手にいい感じを与えません。

⑤ 繰り返し

相手の話した言葉を繰り返して発することで相手の気持ちや内容の確認にもなり、話し手も繰り返されることで「ああ、そういうことを言ったんだ」と自分の話した内容を改めて認識できます。また、キチンと自分の話の内容や気持ちを理解してもらえたと感じ安心します。

【例】　話し手：「○○さん、私お腹がすいてイライラしてるの」

と言われたとき、一般会話で返すと次のようになります。

聴き手：「あら、私はまだ全然お腹すいてないわ」あるいは「じゃあ何か食べに行きましょうか?」

しかし、これでは共感的理解にはなりません。相手の気持ちや内容を理解しましたよと伝えるためには、

聴き手：「△△さん、お腹がすいてイライラしてるのね」

と繰り返すことが大切です。

繰り返しのポイントは、話の中から相手があなたに伝えたい、分かってもらいたいと思って発したキーワードを判断し、その言葉なり内容を繰り返すことです。すべての発言を繰り返す必要はありません。ただまったく同じ言葉をオウム返しのように返すのでは、相手は馬鹿にされたように感じるでしょう。

また、違うことばで、「△△さん、お腹がすいてムカついているのね」とくり返すと、イライラしてはいるけれど別にムカついているわけじゃないというふうに食い違うことがあります。相手の使った言葉を使えばそのような食い違いを防ぐことができます。

また、繰り返しには、事柄の繰り返しと感情の繰り返しとがあります。

⑥ 質問

話し手を理解するため、また問題を明確化するため、あるいは共感的な信頼関係を作っていくためには、質問をして情報を収集する必要があります。質問の仕方には大きく分けて「開かれた質問」と「閉じられた質問」の2種類があります。それぞれ特徴があるので、臨機応変に使うことが求められます。

■開かれた質問…開かれた質問とは、気持ちや考えを自由に答えてもらう問いかけで、「昨日のお祭りはどうでした？」、「今日は何を食べたいですか？」といったように、「はい」「いいえ」では答えにくい質問のことです。「何を」（What）、「いつ」（When）、「だれが」（Who）、「どこで」（Where）、「どのように」（How）といった４Ｗ１Ｈの質問形を活用すると、相手が明確に答えやすくなります。ただし、Why（どうして、なぜ）という質問はできるだけしないほうがいいでしょう。人間は実際のところ「何故？」と聞かれても明確に答えられないことがたくさんあります。しかし質問されたら答えなければならないように感じ、言い訳のような説明をしてしまいます。それでは本来の問題が明確にならず、お互いにイライラしてしまうことになりかねません。

開かれた質問は聴き手ができるだけ多くの情報を得たいときや相手の気持ち、考えを知りたいときには有効ですが、一方、自分の気持ちを表現することが難しくなっている認知症高齢者などには答えづらいという側面があります。

■閉じられた質問…閉じられた質問とは、「はい」「いいえ」や「何人」など特定のことを答えてもらう問いかけで、「昨日のお祭りは楽しかったですか？」、「今日の昼食はお素麺でいいですか？」、「ご家族は何人ですか？」などの、聴き手が手短に情報を得たいときや相手の気持ちや考えを確認したいときに有効です。答える側はあまり考え込まず、答えやすいという長所がある反面、相手の気持ちが掴みにくいということがあります。傾聴の場合は「開かれた質問」を上手に活用すると話が展開し深まりますが、多くを語らない相手の場合などは「閉じられた質問」から徐々に会話を発展させていくとよいでしょう。質問が多すぎると責められているように感じて身構えてしまうこともあるので、質問ばかりしないよう心がけることも必要です。

※質問は、あくまで相手をよりよく理解するためにするのであり、自分の興味や関心でしないように気をつけることが大事です。

⑦ パラフレイズ（言い替え）

パラフレイズとは、相手が話したことを内容を変えずに話を整理し簡潔に要約して、聴き手の言葉に言い替えて伝えることです。長い話の場合とか気持ちが動揺しているときなど、語っている本人自身が話の要領を得ず混乱していることもよくあります。

そんなときに「あなたのおっしゃりたいことは……ということでしょうか」、「あなたの思っていらっしゃることは……ということでしょうか」、「別なことばで言えば……ということでしょうか」と整理して短く言い替えると、話し手自身が、「あ、そうだ。そういうことを言いたかったんだ」と納得すると同時に、また聴き手のこうした姿勢は「自分の伝えたいこと、思っていることが確かに伝わった」という安心感を話し手にもたらすことになります。

■よいパラフレイズのポイント

●話し手が一番伝えたい、分かってほしいという大事なエッセンスをきちんと把握する。
●内容を変えずに、聴き手の言葉で伝える。
●明瞭に、簡潔に返す。

■パラフレイズの効用

●聴き手が話の内容や感情を正確に聴けているかどうかの確認になる。
●パラフレイズされることによって、話し手は自分が考えたり感じたりしていることを明確にすることができるようになる。
●簡潔に要約して返されることがヒントになって、話し手の新しい考えや感情を想起させる。
●適切なパラフレイズは、聴き手がきちんと受けとめ理解して「わたしはあなたとともにいますよ」という証明にもなり、お互いに共感し合える。

【事例】

話し手A：「主人を亡くして13年。子どもたちも独立して、ずうっと一人で暮らしてきたのですが、80歳を過ぎた昨今、急に寂しさが募るようになって……。息子はそろそろ一緒に暮らそうよって言ってくれるのですが、嫁の口からはまったくそのような誘いがないので、どんなものかと悩んでいます」

聴き手：「Aさんが悩んでいらっしゃるのは、息子さん家族と同居したいお気持ちがあるにもかかわらず、お嫁さんの真意を測りかねていらっしゃるということなんですね」

⑧ 明確化

相手の話を正確にキチンと受けとめるためには、話を明確にするプロセスが必要です。明確化には、相手の話の内容の事柄（事実）がよく分からない場合に、分からない点を質問し、もう一度説明してもらったり、相手の話を言い換えて確認する「意味の明確化」と、話の背後にある相手の感情に関することを明確にする「感情の明確化」があります。

●意味の明確化

聴き手：「今、お話をうかがっていて、おっしゃっておられる○○のことが私にはよく理解できないのですが、□□ということでしょうか？」

●感情の明確化

聴き手：「○○さんはそのことで、とても寂しい気持ちを抱いておられるように私には思えるのですが…」

次のように尋ねることによって、相手の隠れた思いを明確にすることができ、また、本音を聞くこともできます。

「どうだったらいいなーと思っているのですか」

「どんなふうにしたいと思っているのですか」など。

⑨ リフレーミングで視点を変える

よく言えば○○、しかし、悪く言えば△△、というように、物事は両面から捉えることができます。

「リ」とは再び、「フレーミング」は枠組のことで、リフレーミングとは枠組の組み直しのことを言います。マイナス思考からプラス思考に変えるためにはもう一度自分の考えやものの見方を変えてみることも必要です。体験や出来事を、問題や障害として捉えているときに、それをよい経験の基として捉えなおしてみる柔軟性が必要です。

よくある例ですが、下の図を見てあなたならどんなふうに考えますか。

(a)コップの中に水がもうこれだけしか入っていない。

(b)コップの中に水がまだこれだけ入っている。

どちらがプラス思考の捉え方でしょうか。

●「あの人は優柔不断なんです」→リフレーミングすると「あの人は慎重なんだ」

●「あの人は頑固だ」→リフレーミングすると「あの人は信念を持っている人だ」

一般会話では、

話し手：「この間、仕事で失敗してしまって、落ち込んでいるのよ」

聴き手：「もう済んだことだから、水に流して忘れなさいよ」

リフレーミングで傾聴すると、

聴き手：「失敗してこそ何が悪かったのか分かって、次の成功があるんじゃないの」

自分はだめだ、できないと話す人にはこのリフレーミングを取り入れてほしいと思います。

【事例】

話し手：「先日、自治会の会計を頼まれたんだけど、口下手で消極的な私には、とてもとてもできないと悩んでいるんですよ」

聴き手：「口下手は余計なことを言ったり漏らしたりしないということだし、消極的っていうのは慎重っていうことじゃないかしら。会計に適任と見込まれたからこそ頼まれたんですよ」

⑩ 支持

支持とは、一種の承認です。相手の言動に同意し賛成の気持ちを示すことです。私たちは批判されたり、ケチを付けられたりすることは意外と多いものですが、自分の考えや行いについて、それでよいのだと認められることは少ないものです。悩みや不安を抱いている自分を情けなく感じている人に対して「私もそうですよ」とか「あなたが悩むのは当然ですよ」と支持することは、悩んでいる人の気持ちを安心させます。不安定な気持ちや考えに対して、「私もそう思いますよ」というような支持は、その人に自信と勇気を与えることにもなります。また言葉で表現しなくても、身を乗り出してうなずいたり相づちを打ちながら聴くといった聴き手の姿勢は、非言語的な支持と言えるでしょう。

ただし、賛意を示されることは人間にとって心地がよいので、あなたに対する依存性を増すことになってしまうこともありますから、注意を要する場合もあります。

⑪ 共感的な励まし

私たちは相手を励ますとき、何気なく「頑張って」という言葉をよく使います。これは相手にとっては重荷になることがあります。例えば、「私はもうこれ以上できない」、「もうやりたくない」と相手が思っているときに、「そんなこと言わないで、もう少し頑張って」と励ますことは、励ました側は自分の思いを伝えられたことで満足しますが、励まされた本人の気持ちを傾聴していることにはなりません。特に、うつ病の人への「頑張って」という励ましは禁忌と言われています。

●「よく頑張りましたね。おエラかったですね」、「よく辛抱なさいましたね。ご立派ですね」

●「ずっと頑張ってこられたんだから、これからは少し休むことも大切ですよね」など。

励ますときは相手の気持ちをよく理解してから相手の気持ちに添った共感的な励ましが大切です。「一緒に頑張りましょう」というのは、たいがいの場合に使える便利な言葉です。

5 ロールプレイ体験をしよう

① ロールプレイとは？

ロールプレイとは、ロール（役割）、プレイ（演技）という意味ですので、日本語では「役割演技」と訳されます。傾聴の学習の中でも、ロールプレイは、主として、話し手・聴き手の役割をそれぞれ演じる形で行われます。

しかも、ロールプレイは通常、他の人たちが見ている前で行います。

■何故ロールプレイなどという少し気恥ずかしい練習を人前でしなければならないのでしょうか？

人は、人の話を聞いて頭では分かっているつもりでも、必ずしもそのように行えるとは限りません。むしろ、学んだことをいきなり実践するとしたら、上手くいかないか、失敗するのが普通ではないでしょうか。例え深刻な悩みの相談ではなく、お話し相手としての活動から始めるにしても、生身の人間を相手にして、未熟な面談をするわけにはいきません。相手を害することもあり得ますし、あなた及び傾聴ボランティア全体に対し、ひどく不愉快な思いを抱かせることになってしまうかもしれません。ひいては、人間不信ということに発展するきっかけをあなたが与えることになってしまうかもしれません。ロールプレイは想定問題に基づく模擬実習ですので、積極的に、かつ主体的に参加する気持ちが大切です。

実際に傾聴の活動をするには、「傾聴モード」を十分に使いこなせるようになってから行う必要があります。傾聴モードは、あなたが慣れ親しんできた一般会話とは異なるからです。最低でも、基礎的な練習をいくつか行ってから傾聴に出かけることが求められます。その基礎的な練習が、ロールプレイというわけです。従って、逆にいうと、ロールプレイの場は失敗が認められる場でもあります。学びの初期の段階の人たちには、このロールプレイの中で大いに失敗することをお勧めします。人は失敗から学ぶことが多いからです。

また、ロールプレイは、他の人たちが見ている前で行うのですが、見ている人たちは観察者（オブザーバー）としての役割を負っています。観察者は、皆の前で行われたロールプレイについて、特に聴き手役の対応について、よかった点やもっと気をつけたほうがよい点などについて意見や感想を言います。これを聴き手役に対するフィードバックといいます。フィードバックは、ロールプレイの中ではとても大事なものです。通常、ロールプレイの際には、聴き手役は、夢中になってやっているために、自分がどういう対応をしたかよく覚えていないということがあります。こうした場合に、あのときの対応はどうであったかということを客観的に指摘してもらうということは、自分が気づかなかったことについて気づかせてもらうということになり、大変意味があります。また、聴き手役を演じている際には、往々にして自分自身の対応上の癖とか、身振り手振りの癖とか、あるいは価値観とかが現れるものです。こうしたことについても指摘を受けることは、自分自身についての気づきを促進することにつながります。

また、観察者にとっても失敗を観察することは、今後の活動のためのよい教材となります。こういう失敗をしてはいけないのだなと肝に銘じることになるからです。こうした意味で、失敗は、本人のためだけではなく、全体の向上のためにもよい刺激になります。

なお、フィードバックを行う観察者は、キチンとフィードバックが行えるように真剣に観察する必要があります。フィードバックがキチンとできないということは、自分はまだキチンと対応の良し悪しを見極める力を備えていないということでもあります。また、フィードバックを行う際には、観察者は、自分がフィードバックを行う相手、すなわち、聴き手役の成長を促すフィードバックを行う必要があります。

よくなかった点を指摘する場合でも、それは単に非難中傷のために行うのではなく、聴き手の自己変革、自己成長を促すために行われるべきです。また、よかったと褒める場合でも、どの点がどのようによかったのかをキチンと指摘できなければ、それはフィードバックとは呼べません。フィードバックは、順番にあなた自身も受けるものですから、キチンと意味あるフィードバックを行うよう心掛けましょう。

■ロールプレイは、所詮芝居であり、真実味がないので意味がないという意見もありますが、果たしてそうでしょうか？

ロールプレイは、前述のように人前で行いますので、少なくとも人前で話すという訓練になります。傾聴ボランティアは、いろいろな状況で、また、多様な人々と対話することになるのですが、この人前で話すことによって得られる「人前で話す度胸」は貴重な財産となります。また、真実味がないということに関しては、あなたが本当らしく演じないから真実らしくならないのではないでしょうか。

②　ロールプレイで得られるもの

ロールプレイをするということは、前述のように、自分の聴き方の癖を知るということの他に、次のようなメリットがあります。

■ロールプレイで話し手役を行うと、自分以外の人間を演じることによって、人の気持ちが分かってきます。

いい医者になるためには、一度は患者になったほうがよいということと同じと言ってもよいかもしれません。患者はどんな気持ちか、患者は医師にどう扱って欲しいかがよく分かるのではないでしょうか。少なくとも、話し手役体験をすることによって、悩みを持つ人の思いを共有することができ、共感の幅が広がります。

■話し手役から直接得られるもの

ロールプレイの後で、観察者からフィードバックとしていろいろ指摘してもらうことの他に、話し手役を演じた相手から直接教えてもらうことも大切です。今の聴き方でよかった点とこうして欲しかったと思う点を指摘してもらえます。

6 認知症の方の傾聴

傾聴ボランティア活動は、大別して、個人宅を訪問して活動するか、あるいは各種の高齢者施設等（病院等を含む）を訪問して活動するかの2つの方法に分けられます。

個人宅であれ、施設であれ、現在、高齢者の方々を対象に傾聴ボランティア活動をする際には、認知症高齢者の方々に出会うことは避けられません。従って、傾聴ボランティア活動をする際には、認知症及び認知症を持つ方々のことについて基本的な理解と認識を持って対応することが求められます。私たちの無理解・不理解の故に、例え認知症をお持ちであろうとも、相手の方の尊厳を傷つけることは許されることではありません。

私たちは、認知症の方々に相対したときに、どのようにしたら、この認知症の方々と楽しく、有意義な時間が送れるか、工夫し、努力しながら関わります。そして、このように色々と工夫や努力をしながら関わることを、「認知症の方々の傾聴」と称しています。

「傾聴」とは、相手の話を「聴く」ことであるはずなのに、言葉によるコミュニケーションが不自由になった認知症の方の話を「傾聴」するなどということがそもそも成立するのか？　あるいは、こうした記憶や判断力を失った認知症の方々の傾聴などなぜする必要があるのか？　と疑問を持たれる方もおられるかと思いますが、私たちは、こうした認知症の方々に関わることも立派な傾聴活動であると考えています。

○傾聴ボランティアとして対応

それでは、傾聴ボランティアとして、認知症の方々に関わる場合、どのように対応するのが望ましいのか考えてみたいと思います。

① 人として

（1）認知症は原因も予防法も現時点では完全に解明あるいは確立していません。ということは、認知症は誰でもなる可能性のある病気であるとも言えます。つまり、「明日のあなた」の姿であるとも考えられます。よって、認知症の人に関わる場合、たまたま認知症という病気を持った人として、すなわち、私たちと同じ人として接することが大切です。

（2）差別的な言動は慎しみましょう。

（3）「こちらが何を言っても分からないんだから」といった態度及び言動は慎しむことが大事です。

（4）感情は最後まで残っていると言われていることをキチンと認識し、感情に働き掛けするように関わることが大切です。

（5）馴染みの関係・馴染みの環境が大切です。

（6）最初は、挨拶しても無反応な場合でも、訪問のたびに、継続的に声掛け・挨拶は続けるほうが望ましいです。馴染みの関係が形成されると、会話を交わすようになることもあります。相手が挨拶をしなくても、傾聴ボランティアの訪問をどこかで意識している可能性は大いにあると考えられます。

（7）自分に対して好意を持っているか、敵意を持っているか見定める能力は持っていると言われていますので、自分にとって敵か味方かは判断できます。

② 具体的な対応

（1）認知症高齢者の話を傾聴する場合、「双方向のコミュニケーションの成立する傾聴」を目指すのではなく、「その方と楽しく、有意義な時間を共有する活動」であると認識することが大事。「人には、いつまでも人との交流が必要」との認識を持ち続けることが大切です。

（2）相手の言うことを、頭から否定しない。先ずは、受けとめ、相手の世界に沿って、話をすることが大切です。

（3）認知症の方を相手にしたときには、ときに、「タッチ」（スキンシップ）することも有効です。言語によるコミュニケーションが十分に行えない認知症高齢者と相対するときには、多くの場合、特に有効です。但し、タッチしても大丈夫かどうかは、その場の雰囲気・状況を見定めて慎重に行う必要があります。

（4）傾聴ボランティアは、相手の話及び世界に合わせて会話を続けることが原則ですので、聴き手として、そのこと自体に「嘘をついている」と罪悪感を持つ必要はありません。

（5）妄想にず〜っと付き合っていると妄想を強化する恐れがあると言われています。ある程度、その話を受けとめながら聴いた後、訴える妄想の中から、何か他の話題を引っ張り出して、少しずつ本人が興味を持ちそうな話題に転化して行くことが望ましいやり方です。

（6）「朝ご飯、まだ食べていない」を繰り返す人には、「さっき、食べたでしょ！」と叱責するのではなく、「少し待っていてくれれば用意する」と言って、先ず気持ちを落ち着かせることが大事です。また、食べ物の話から、子ども時代にお母さんが作ってくれた料理の話や、好きな食べ物の話などに転化していくことで「食べていない」ということ自体を忘れさせることも大事です。まず、人として関わることによって、本人を、「『食べていない』としか言わない人」という状況に置き去りにしないようにしましょう。

（7）認知症高齢者の方の相手をする場合、口調はゆっくり、はっきりと、間を置いて、短く話すようにしましょう。

（8）一度に複数のことを言おうとしないことがコツです。質問する場合にも、一つひとつ丁寧に質問し、同時に複数のことを尋ねないように気をつけるようにしましょう。また難しい内容のことを言わないようにします。質問しても、答えが出てくるのに時間が掛かることがありますので、聴き手は辛抱強く対応することが大事です。

（9）認知症高齢者の方が話す言葉と内容について、（傾聴スキルの）「繰り返し」を用いながら話を聴くと、会話がスムーズにいくことがあります。

（10）認知症高齢者の方は、自分自身の感情（嬉しい、悲しい等々）を的確に表現できないことも多くありますので、聴き手が感情の反映を行うと、充実した会話になります。

（11）同じ話や質問が繰り返される場合にも、傾聴ボランティアは戸惑ったり、苛立ったりしないで、丁寧に聴き、また、丁寧に答えることが大事です。同じことを何度も言うのは、認知症という病気のせいと理解することが大切です。

（12）自分がされたらイヤだと思うようなことは、例え、相手が認知症の高齢者の方であっても、しないように気をつけることが大切です。

（13）人は、人と関わり合うことによって生きています。そのことは認知症高齢者の場合でも同じはずです。人は誰でも対人交流が必要です。傾聴ボランティアとして、認知症高齢者の方と関わる場合、双方向の十全なコミュニケーションが取れなくても、その人に人として関わりを持つことが大切です。側にいるだけでよいと考え、「情緒的一体感の共有」を、常に心掛けるようにしましょう。

認知症になってもすべてのことを忘れたわけではなく、また、できることもたくさんあります。認知症の方々は、一旦発症すると、その認知症としての特徴の部分のみに目を向けられ、まだ人として持っている多くの側面に目を向けられることは少なくなります。また、他者が自分に、人として関わってくれるということも随分と少なくなってしまいます。多くの特別養護老人ホーム等の高齢者施設では、限られた人数の職員さんが、認知症高齢者の方々を相手に、いわゆる三大介護（食事、排泄、入浴及びそれに付随するケア）で走り回っています。忙しすぎて、個々の入所者の方々に、3分といえども、5分といえども、面と向かって話を聴くなどということは大変に難しい状況です。

こうした中、認知症高齢者が人としての側面を多く持っていたとしてもそれを発揮する十分な機会がありません。「認知症の人であっても、最後まで、人との関わりが必要である！」と、もし、あなたが思われるのであれば、傾聴ボランティアとしての、あなたの登場と活躍が期待されるということになります。言葉によるコミュニケーションが十全にできなくなった認知症の方々に関わることの意味は、こうした「思い」によるものです。「人はパンのみにて生きるにあらず」と言います。人は、生理的に生きていることの他に、人との関わり、人との交流といった精神の働きが必要です。

また、言葉によるコミュニケーションが十分にできない人の傾聴などはできないのではないか？という疑問に対してですが、協会としては、次のように考えています。

「傾聴」とは、相手との間に丁々発止と会話が行われるときにのみ成立するというものではありません。傾聴とは、相手に対する一種の関わり技法のことです。つまり、相手とのよりよい関係の構築を目指して、傾聴的な態度と姿勢で相手に関わることが「傾聴」であると考えています。傾聴的な態度と姿勢で相手に関わる際に、相手がたくさん話してくれれば、それを聴けばよいし、あまり話してくれない場合には、言葉以外で表現されるものに耳を傾けます。ときには、言葉など一切なく、ただ傍らに寄り添っているだけということもあります。その方のことを大切な存在だと思いながら、時間や空間を共有します。このように考えた場合、相手が認知症の方であれ、あるいは何か他の障害を持った方であれ、そうしたことは関係がなくなってしまうはずです。丁寧に、真摯に、その人に関わるというのが「傾聴」であると、協会としては考えています。相手の方を、一人の存在として認めながら、また、大切な存在だと思いながら関わることが「傾聴」です。

ですから、「その人、話さない人だから、(関わっても) 無駄ですよ」と言われていた認知症高齢者の方が、傾聴ボランティアの何回かの丁寧な関わりの後、ある日、堰を切ったように、子どもの頃の思い出やまだ頑張って仕事をしていたときの話などをし始めるということも、実際によくあることです。「えぇっ、あの人、話せる人だったの?!」と、職員さんが驚いたという報告はたくさんあります。このようなとき、傾聴ボランティアは大きな喜びに包まれます。そして、また頑張ろうという気になって、認知症の方々の話を聴かせていただいています。

繰り返しになりますが、認知症の方であれ、人として関わることが大事なことであり、また、相手がたくさん話をしてくれない場合には「傾聴」にはならない、あるいは、相手が悩みや不安を訴え掛けてくれなければ「傾聴」にならないなどと、「傾聴」のことを狭く考えないでいただきたいと思います。どんな方であれ、その人と向き合った瞬間から「傾聴」は始まっていると考えたいものです。

※「認知症」に関しては、多くの本が出版されていますので、お読みください。

第4章

傾聴ボランティア体験記

傾聴に出会えて

※右の＊期生とは、NPO法人ホールファミリーケア協会主催の「シニア・ピア・カウンセラー（傾聴ボランティア）養成講座」修了の期です。

平成18年長野講座生
傾聴みみずく
会長　野崎　恵子

「傾聴みみずく」を立ち上げて

私と「傾聴」との出会いは、２００６年、長野県主催の「心友・傾聴ボランティア養成研修」の受講です。９月のまだ暑い2日間の研修でしたが、講師の情熱あふれる話に心の昂りを感じました。久し振りの感動でした。

その後の2日間、特養等の施設で実習をし、修了証をいただきましたが、皆これからどのように行動したらよいのか、電話で話し合ってもなかなか話は進みませんでした。

そうした折り、今回の研修会を実施した長野県諏訪地方事務所の福祉課の中にある「長寿社会開発センター諏訪賛助会」の事務局から、「賛助会のグループの一つとして、グループを作りませんか」とのお話をいただきました。「待ってました」とばかりに研修を修了した人たちのうち17名ほどが集まり、「傾聴みみずく」として、２００７年3月に立ち上げました。「みみずく」は、「よく聴く耳を持ちましょう」との願いからでした。

賛助会の中の一つのグループとなったことにより、賛助会の会合のたび先輩の方々より色々な情報、助言、協力をいただくことができ、会を発展させていく上で大変ラッキーでした。

いよいよ活動を開始しましたが、「傾聴」の認知度もあまりなく、最初は実習にうかがった2ヶ所の施設からの出発でした。2ヶ所とも認知症の方の多いグループ傾聴で戸惑うことも多く、問題点等も抱え込むようになってしまいました。そこで月1回の定例会で報告し合うことにより、皆で解決に向けての勉強会を持つことにしました。定例会の場も地元の社協（社会福祉協議会）にお願いするなど、会を持つことで一つ一つの問題点を皆でクリアしていくよう努力すると同時に、NPO法人ホールファミリーケア協会発行の「月刊傾聴ボランティア」の中から当番が紹介したいことを輪読し、活発な意見交換の中、大変よい勉強会を持つことができるようになりました。

手探りのなか2ヶ月過ぎた頃、私は自分の中でどのようにこの会を運営していくのがよいのか、目的・目標を会としてしっかり持たなくては、との思いを強くするようになりました。

★この会は会員同士楽しく仲よく長続きする会にしたい

ボランティアをする者同士楽しく長続きできるようにやろうということと同時に、私たちを心待ちにしてくださっているお話し相手の皆様のお気持ちを大切にいつも心新たにおうかがいできるような会にしたいと思いました。

★「傾聴」を皆様に知っていただく

広報活動のために、諏訪市と岡谷市の社協にボランティア登録し、ボランティア連絡協議会にも参加させていただき、傾聴そのものの説明も折りに触れ行い、理解してもらうように心掛けています。市の広報に傾聴について掲載していただき、それをご覧になった方からの依頼が社協を通し入るようになりました。

また、賛助会の県内会員対象の会誌に「傾聴みみずく」を紹介していただいたり、県の広報の傾聴活動についてのテレビ放映にも2007年、2008年と参加させていただいたりしています。しかし一番大切なことは、地道にしっかり誠実に傾聴活動をしていくことで、それが何よりの広報であると思っています。

★賛助会での活動発表会

諏訪賛助会では、年1回33グループの活動発表会が開催されますが、平成19年度の発表会では、傾聴グループとして、ロールプレイをすることになりました。一つのお話について、よい聴き方と、相手の人が納得せず怒ってしまうという聴き方を対比させて、説明をしました。もう一つは認知症の方の「グループ傾聴」を行いましたが、「とても解りやすくてよかった」との感想をいくつもいただきました。

20年度発表会ではビデオプレゼンテーションで活動風景を観ていただくことになりました。皆分担で準備をするのも楽しいものです。それに、大変嬉しいことに、グループの仲間のご家族がビデオ編集を助けてくださったり、いろいろな場面で協力をしてくださっています。ご家族の方々からご理解をいただけるところまで皆頑張ってきたんだと、「みみずく」の仲間たちを誇りに思うと同時に、こうした人たちに支えられていることに対し感謝でいっぱいの気持ちになります。

★施設との関わり

最初受け入れてくださった施設は特別養護老人ホームですが、認知症の方の多い「グループ傾聴」で、私たちも戸惑うことも多々あり、また、現場職員の方たちもとにかく忙しそうにされておられましたので、私たちグループの一人が帰りがけに、「私たち、邪魔をしているのではないでしょうか？」とお訊きしたほどでした。それに対して、「いいえ、皆さんが来てくれてお相手してくれるので、自分たちが助かっています」とのお返事があり、救われました。そして、傾聴で学んだことを大切に続けていくうちに変化が現われてきました。うかがうと嬉しそうに手を振る人、繰り返しお話を楽しそうにしてくれる人、帰りには「また来てね」と素敵な笑顔で送ってくれる人、しっかり続けることの大切さを改めて実感しました。

活動を開始して8ヶ月ほど経った頃、お互いのよき理解のため、懇談会を施設に依頼し、やらせていただきました。短い時間でしたが充実した意見交換ができ、職員さんとの距離もぐっと近づきました。

◯　個人、施設とも、社協を通していただくようお願いしています。社協担当職員、施設職員とみずくの会3者でお互い守るべきルールを確認し合ってから傾聴にうかがうようにしています。

◯　ある施設では、傾聴ノートが作られており、話し手のお名前、聴き手の名前、職員さんによるその方の様子や体調が簡単に書かれており、傾聴後、私たちが感想を書いて帰ります。次にうかがうとお話し相手の方の傾聴後の様子が書かれており、双方にとってよい連絡ノートになっています。

○私たちのネームプレートには、「みみずく」の鳥のイラストが入っておりますが、お話し相手さんに傾聴と認識していただくのに役立っています。これを見ると安心されるようです。

★講演会開催について

グループが結成され1年が過ぎ、相互勉強では補いきれない部分を補い、傾聴の質の向上をはかるために、協会から講師をお招きし、研修会を開催する必要性を感じました。

○経費の捻出

補助金制度の利用を中心に考え、一部は会員からも会費を徴収することにしました。

○会場

会場は、地域ボランティアということで、社協にお願いしすべて免額にしていただきました。

○内容

午前中の講演は、日頃ご支援いただいている6市町村社協、民生委員、賛助会会員、おうかがいしている施設の職員、一般の方々と、多くの方々に傾聴をご理解いただき、今後私たちの活動に何かとお力添えいただけるよう、オープン講義としました。午後は非公開の自主研修会としました。

○　研修会感想

オープン講義には、120名ほどの人たちが足を運んでくださいました。ご夫婦でいらした方も何組かあり、大変好評でした。

後の感想では、「講演会は素晴らしく、傾聴という内容がよく分かった」、「講演会、とても感動した。みみずくの皆さんが、役割分担でそれぞれがしっかり動いており、見ていて気持ちよかった」等嬉しいお電話もいただきました。

会員は、今まで少し引きぎみだった人も、講師の話を聞き、またやる気が起きてきた等、原点に戻り傾聴活動を行うことの大事さを再確認しました。

★ご高齢の方のお話し相手として思うこと

○　どの方も自分が生き抜いてきたことにプライドを持ちながら、また周囲に迷惑を掛けないようにと努力しながら一生懸命生きていらっしゃる姿に心を打たれます。

○　ときどきそうした我慢が爆発し荒々しい態度になって出てきたりしますが、現役時代頑張っていた昔の頃の話になると、目が輝いてきて、まさに「存在認知、自己肯定感そして自己有用感」へとつながっていきます。それを「すごい、素晴らしい、素敵」の「3つの〈す〉」でお聴きしていると、落ち着きと明るさを取り戻していただけます。

○　お約束の日は必ず、会員同士都合をつけあって訪問することを大切にしています。「楽しみにしておられ、皆さんが来られないと落胆してしまわれるので長く続けてください」と施設の方からも言われています。

★傾聴仲間として

傾聴という同じ目的を持って集まった人たちのグループですが、皆さん個性豊かです。会が結成され間もなく2年、当初17名だった会員も40名となり、活動もうかがい施設8ヶ所と個人宅へと広がり、会員年代も70代～30代と幅広くなりましたので、私の役割は仲間同士の中で何とかバランスをとることかなと心掛けています。

★お話を聴かせていただくこととは

先日、1年以上傾聴でおうかがいしていた方が亡くなられました。後日、奥様よりお電話をいただき、「主人が施設に入所し、日に日に元気がなくなり、話もあまりしなくなったので、傾聴をお願いしたのですが、傾聴のたび、元気になり明るくなっていきました。主人は『傾聴の皆さんによって随分癒された。本当によかった』と言っていました。本当に有り難うございました」と感謝の言葉をいただきました。しかし、いつも、色々と教えていただき、また、元気づけられ、癒されていたのは私たちでした。この頃、「みみずく」の会員からは、「私たちのほうがいただきものが多く、こんなに活力をいただくなんて感謝」という言葉をよく耳にするようになりました。待っていてくださる方がおられることは、何よりも私たちには励みです。

色々なことにぶつかり悩みながらも、多くの方からお力をいただき、傾聴活動のできることに心からの感謝と幸せを感じています。

傾聴に出会う以前は、私は元気のない日も多く何となく毎日を送っておりましたが、傾聴に出会い、待っていてくださる方がおられると思うと、体調管理も常に心掛けるようになり、すっかり元気になりました。今では「大変」が「楽しい」に変わってきています。

元気になった私を見て、一番驚いているのは家族です。

仲間たちとの出会いも今は大切な宝です。皆で切磋琢磨していくことは、活力の源です。高年になって、こんな幸せに巡り逢えて本当によかったと思っています。

「傾聴に乾杯!!」

傾聴ボランティアとして

20期生
熊澤　晴子

3年前初めて傾聴という言葉を耳にしたとき、とても新鮮に心に響きました。私は以前、知的障害者の施設でボランティアをしていました。養護学校の高等部を卒業した18歳から40歳くらいまでの比較的若い人たちが利用されている施設でした。そこで私は、散歩の付き添いや車椅子の介助、作業の手伝い等をしていましたが、年を取るにつれ、だんだんと若い人たちの行動についていけなくなってしまいました。そんなとき、ＮＰＯ法人ホールファミリーケア協会編著の「聴くことでできる社会貢献　傾聴ボランティアのすすめ」(三省堂、初版)という1冊の本に出会いました。聴くだけでできるボランティアならこの先もっと年を取ってもボランティアを続けていける、これだ!!と思いました。早速、ホールファミリーケア協会のボランティア養成講座を受講することにしました。参加してびっくり。なぜならもうその講座は、7、8年前から行われており、私が受講したのはなんと20期だったのです。こんな以前から、大勢の人たちがこの傾聴ボランティア講座を修了し、全国各地で活動されていると聞き大いに刺激を受けました。好奇心旺盛な私の心に火がつきました。今も炎上中です。幸い私の住む市では講座を修了した先輩方がすでに会を立ち上げて活動が始まっておりましたので、私もすぐに入会して仲間と共に傾聴ボランティアの第一歩を踏み出しました。私がお相手している人の体験記を書いてみようと思います。全て一対一の対応です。

初めてのボランティア

講座修了後、初めて独居の女性Nさんの個人宅へうかがってボランティアを始めました。80代後半のNさんは、難聴のためか、あまり外部の人とのお付き合いがなかったようです。淋しい、つまらないとおっしゃるので、ケアマネジャーが何度もデイサービスやヘルパーを紹介していましたが、いつもキャンセルされていたそうです。私もドキドキしながらの訪問でしたが、受け入れてくださりとても嬉しかったです。習ったばかりの「笑顔で」ということを意識しすぎて、ひきつった笑顔だったように思いますが、それでも彼女は「あなたの笑顔はいいね、私も久し振りで笑顔に出会えてすごく嬉しいよ」と言ってくださいました。いつも暗い、淋しい、人生を嘆かれるお話ばかりでしたのでこの一言は意外でした。笑顔の力ってすごいなと感心したものです。あるとき、「私の人生は何だったんだろう」とご自分を否定されることばかり言われるので、私が「女手ひとつで3人のお子さんをご立派に育てられてお偉かったですね、よく頑張られましたね」と労いの言葉をおかけしましたら、「そんなふうに言ってくれるのはあなただけよ」としみじみお礼を言われ、ホッとしたお顔になられました。難聴のため、目をよく見てゆっくりとお話をしますが、彼女の目が、新米ボランティアの私を励ましてくれているようでした。このNさんとの出会いがあったからこそ、傾聴ボランティアとしての今の私があるのだと思うとNさんにただ感謝の気持ちで一杯です。それから1年半後、足の具合が悪くなられ、半年間考え抜き、ご自分で決断されて他市のケアハウスへ入所なさいました。その半年間はNさんの揺れ動く気持ちに寄り添ってただひたすらお話を聴いていました。ご自分で出された答えなので、きっと納得されて心穏やかにお過ごしのことと思っています。

■すてきな女性《ひと》■

そのすてきな女性は、今年106歳になられます。私の出会った中では最高齢の人です。私の市でも多分2、3番目のご長寿だと思います。私は週に1回老人ホームへその女性を訪ね、傾聴ボランティアをしています。とてもお元気でお部屋の入口まで歩いて出迎えに来てくださいます。90年くらい前のお話は知らないことばかりですが、その頃の情景が目に浮かぶようです。おっしゃっていることがごとにも敏感で、時事問題や若い人の躾や礼儀についても話されます。勿論、現在のもっともと思えることばかりで感心しています。人に迷惑をかけないようにすることがこの方の信念のようです。日々の暮らしの中で出来ることはご自分でするように人一倍の努力をされています。先日もよく晴れた日の午後うかがいますと、衣類やタオル等を窓辺にかけて陽に当てておられました。「つい陽射しがあるともったいなくてネ」と舌を出してお笑いになります。その仕草の可愛らしいことといったらありません。私もつられて声を出して笑ってしまいました。お会いしてから2年になりますが、いつもお話は尽きません。ご苦労に対しては労いやお褒めの言葉をおかけするようにしています。そのとき、彼女の目が輝き、美しい笑顔になられるのがわかります。お会いできる一瞬一瞬を大切にしながらこれからも活動を続けていきたいと思うこの頃です。

傾聴ボランティア冥利

ご夫婦で有料老人ホームに入所なさっている方の傾聴を始めて9ヶ月になります。お2人とも認知症がおありですが、奥様はとてもお話がお上手です。若い頃（フラダンスの先生をしていた）のお話になると自然に手足が動き出します。私にも「フラダンスの横歩きはとてもよい運動になるのよ、普段は横の動作をしないから」と講義も立派です。お会いしてから半年くらい経った頃、初めて私の名前を呼んでくださり驚きました。ご家族のお話では、数ヶ月するとその人を覚えられるようだとのことでした。とても嬉しくてより信頼感が増したように思いました。ある日、お母様のご苦労話をなさいました。ご自分のところに引き取って最後まで看取られたそうです。また、若くして亡くなられたお兄様のことも涙ながらに話されました。私はただうなずいてじっとお聴きしていたのですが、「私の話を聴いてくださってありがとう。長い間、背負っていた重いリュックをやっと降ろしたようで心が軽くなったわ。また、胸につかえていた石が取れたような感じがするわ」と言ってくださいました。お話を聴くだけでこのように身に余るようなお言葉をかけていただき、改めて傾聴の大切さを知ると同時にボランティア冥利に尽きると感じました。

教えてもらうことばかり

30数年前に中途失明された70歳代後半の独居の男性Hさん（個人宅）。私にとっては初めての男性の話し手さん。男性に対して対応できるかなと不安をいだきながらの活動開始でした。しかし初回からすぐに不安はふっ飛びました。気さくに声をかけてくださり、お気づかいくださっています。とても努力をなさって10もの資格を取得され、それに添ってお仕事をされていたそうです。どうしてそれほどまでに勉強されたのかとお訊きしたら、高校生のとき、眼科医から「あなたは35歳くらいで完全に失明する」と宣告されたそうです。普通の人の半分しか人生がないからと奮起して猛勉強をされたとのことでした。だんだんと視力のなくなる中でこれほどの努力をされたことに対して賞賛以外の言葉が見つかりません。一つ一つについて専門的なお話をしてくださいます。まさに教えてもらうことばかりです。いのちの電話の相談員や白杖の誘導指導員、日盲サービスの役員等多才な活動をされていたそうです。ボランティアの心得や間の取り方、沈黙が続いたときの対応等、傾聴に関することも話してくださいます。それほどのHさんなのに「あなたのように話を聴いてくれる人がいるから話すことによって物事を忘れずに済むのでありがたい」と感謝してくださいます。「あなたの聴き出し方がよいのでついついお喋りをしてしまう」と私の心をくすぐる術もお持ちです。何はともあれ、毎回楽しくお話を聴いております。最後にHさんの殺し文句を一つ。「1週間のうちで、今日のこの時間が一番待ち遠しく楽しみだと……」。色々と教えていただきながら自分自身が向上できることに感謝です。

■時には乙女のように■

認知症の進んだMさん。もう80歳をとうに過ぎておられるのに、今ご自分は15、16歳の世界にいらっしゃるようです。ちゃきちゃきの江戸っ子で歯切れがよく、さっぱりした性格の持ち主で、いつもジョークや笑いが絶えません。思わず座布団一枚などと言ってしまいそうです。お父様、お母様、いつもにぎやかで楽しそうな家族団欒の様子がうかがえます。礼儀に厳しかったというおばあ様の影響か、とてもきちんとしておられます。洋服や靴もみんな15歳のときにお父様に買ってもらったとうれしそうな仕草をされます。私のことを周りの人に、「この人とはずっと悪友みたいなものよ」と得意げに話され、私と腕を組んだりされます。茶目っ気たっぷりです。一緒にお話を聴いていると、まるで純真な乙女のように目がキラキラ輝いています。同じお話でもこちらの聴き方によってはいつも新鮮に聴くことができます。その人のありのままを受けとめて、優しい心で寄り添って共感的にお話が聴けるようにしていきたいと思っています。お互いに楽しい時間が過ごせるように。

■最後に■

多くの話し手さんと出会う中でいつも思うことは、やはり傾聴の講座の中で学んだ基本的なことがベースになっており、とても大切だということです。壁にぶつかったとき、傾聴のスキルが私の活動を支えているといっても過言ではありません。時々は軌道修正のための講習を受けることも必要です。活動することによって成長があるし、喜びや生きがいを感じることもできます。継続は力なりという言葉がありますが、続けてこそ力になると信じています。傾聴ボランティアは今、すっかり私の生活の中に組みこまれています。ホールファミリーケア協会の1冊の本との出会いから傾聴ボランティアを志し、講師の先生方や多くの仲間と巡り会い、今こうして活動できていることに心から感謝しています。これからも双方が気持ちよい時を共有できるような活動を続けていけたらとても幸せなことだと思います。

すてきな仲間と愉しいボランティア活動

03年高松講座生
高知とんぼの会
西川　祐

■老健施設で傾聴をスタート■

「皆さぁ〜ん、帰ったらすぐ活動ですよ！　すぐにですよ〜！『鉄は熱きうちに打て』ですからね！」。鈴木絹英理事長の、講座修了証授与式直後の、パンチの効いたエールです。

7年前、私は敬愛していた父を亡くし、軽いうつ状態のとき、「体を動かしたら」「これを飲んだら」と、周囲に色々勧められたことがかえって心の負担になりました。一番有り難かったのは、「私の話をただひたすら聴いていただくことでした」。そんな折りに、高知新聞社の「親子・夫婦・友人間のコミュニケーションにも有効、試してみません？」という、NPO法人ホールファミリーケア協会の講座受講生募集の記事を見て「親の介護で大変な友人たちの話を聞いてあげることができたらいいなぁ」と思い、高松で開催された短期集中講座を受講しました。

高知に帰って数日後、名刺を作り、高知市社会福祉協議会へ「傾聴ボランティアの必要な方おいでましたらご紹介ください」と挨拶に出かけました。

応対に出てくれた職員さん、「えっ？？？　ケイチョウ？」

7年前の高知市の現状でした。

「ダメだ!!　こりゃ……」と思い、自分で活動の場を見つけようと、宅老所・老健施設を直接訪問し、「傾聴」の意味と意義を私なりに話させていただきました。宅老所は、「何時になるかわからないけど、まぁ必要な人ができたらねぇ……」と部屋の壁にA4大のチラシを何枚か貼り、希望者を募るということになりました。

老健施設の施設長さんからは「昨日、四国の福祉施設長会があり、これからは、とっても大事な『傾聴』を学んで来たところです。是非お願いします」と満面の笑みで快諾いただきました。

早速、週1回1時間を目安に活動開始です。

こじんまりした居心地よいお部屋を準備してくださり、「ご家族がいなくて、あまりお話もしない寂しい方です」と83歳の穏やかな女性を紹介してくださいました。まず、挨拶を済ませたものの何から話してよいやら……丁度「竹の子」が出始めた時期でもあり、「竹の子、どんなふうにお料理していました?」とお尋ねすると、「もう忘れた……」とのお返事が返ってきました。

「そうですかぁ～そうですねぇ……」と気持ちを切り替え、「心に寄り添い、焦らず、こちらが聴きたいことを聴くのではなく、相手の話したいことをただひたすらお聴きしよう、時間の共有に徹してみよう」と思った瞬間、小さな声で、ご自分のお里の事など話し始めてくださいました。気がつけば、約1時間が過ぎ、職員さんが「有難うございました。お時間です」とお迎えに来てくれました。

回を重ねる毎に童歌・絵描き歌などを教えてくださったり、和裁をしていた頃のお話、娘の頃のお話、また奉公に出ていた頃のお話、辛いことがあったけど、今ではそれも懐かしい思い出等、話題を準備し、笑顔で待ってくださるようになりました。数ヶ月経ったある日、いつも通り彼女とのお話を終え、ホールに行くと、じぃ〜っと私を見つめている女性がいます。そして、車椅子を動かし、ご自分の部屋に帰ろうとしています。何となく私を目で誘うように……思い切って「お部屋にご一緒してよろしいでしょうか？」とお声をお掛けしました。「もちろんです!!」とのお返事に、お部屋に行くと堰を切ったようにお話が始まりました。耳が遠いので、皆と話すことができず寂しい、職員さんの言ってることがよく理解できないと想像以上に混乱しお困りでした。次回からは、ホワイトボード持参でのおうかがいが始まりました。すっかり打ち解けたころ「自分でトイレに行けないことが辛い」とおっしゃいます。私は、彼女のお手伝いができるようにとヘルパーの勉強をし、3ヶ月後資格取得しました。施設側に報告をし、介助の了解をいただき、まず二人でトイレに

行き、それから1時間のお話のパターンができました。

明るく、元気になった彼女の変わり様に職員さんたちも「傾聴ってすごい！」と喜んでいただき、「もっと、他の人もお願いできませんか？」と言われるようになりました。

■待っていてくれる人たちがいる歓び■

丁度そのとき、鈴木理事長から、「高知で短期集中講座を開催してみない？」とのお電話をいただき、90％のやる気と10％の不安の状態で、「お願いします!!」と返事させていただきました。

さらに、高知新聞社の記者さんが、大きなカメラとともに施設側の了解の元、取材に来てくれました。新聞を見て受講した多くの新しい仲間と、２００４年35名のメンバーで、「とんぼの会」再デビューです。少しずつ訪問できる施設の数も増え、それぞれのメンバーの個性ある傾聴のスタイルができ始めました。施設にグループでおうかがいし傾聴活動を終えると職員食堂で、「事例検討会」を兼ねての昼食が愉しみのひとつになりました。

一人悶々としていたことが、共通の問題点だったり、できていると思っていたことが、注意点だと気づかされたり……とっても勉強になります。それとともに、メンバー個々の魅力的な人柄にもぐんぐん惹かれ、週2日のボランティア活動が、益々愉しみになりました。また、活動したくてもできないメンバーたちにこの愉しさを伝えたくて「とんぼの会だより」を発行することにしました。

２００９年５月で、通算52号を数えることになります。

毎月行う定例会の報告、事務局から依頼のお知らせ、メンバーからの寄稿文などで構成し、皆の多才ぶりに感動しきりです。また、定例会も１年に２回の移動例会と称して郊外に出かけたり、メンバーの「別荘」で、捕れたての鮎づくしのご馳走に舌鼓を打ったり、と愉しいことばかりです。

そして、初めての取材「とんぼの会」の「記事」もよく書いていただき、５名で始まったボランティア活動はその後どんな活動していますかと再度高知新聞社の取材。「傾聴で心の介護を」と紙上に掲載。それを読んだＴＶ局からの取材で、定例会の様子・施設での様子・個人宅での様子・社会福祉協議会主催の勉強会への出前講演の様子などを放映していただきました。その間、鈴木絹英理事長に講師として来ていただき、「とんぼの会」自主講習会を開催。会員も44名になりました。

とんぼの会発足６年目の昨年度、会員44名のうち、21名がボランティア活動をし、施設訪問11ヶ所、個人宅訪問34ヶ所で、延べ傾聴活動総数７９４回でした。

さて、昨年（２００８年）９月からおうかがいしている、とっても仲のいい70歳半ばのご夫婦のところでの出来事です。奥さんが、足の手術後うつ状態になり、何とか元気を取り戻して欲しいと、ご主人がケアマネさんに相談。「とんぼの会に来てもらったらいかがですか」との提案を、半信半疑だったものの了解。私がおうかがいすることになりました。まず、私と奥さんが50分位、「若く輝いていたときのお話」を楽しみます。時間をみて、ご主人がお出ましです。それから、３人で愉しいひとときを30分位過ごします。介護する人、される人、それぞれの悩みがありますものね。

今、私たちの最大の愉しみは、毎年やって来るツバメの動向です。

ツバメが帰ってきた！から始まり、卵を産み始めた等、1週間のツバメ日記の報告を聴かせていただくのがとっても愉しみです。


人のために何かできることをしたいと思って始めたボランティア活動でしたが、本当は、人のためではなく自分の人間磨きになっていることに気づかされました。

反面、訪問回数を重ねる毎に、友達気分になり、謙虚さをなくしている自分に愕然とすることもあります。常に初心に帰らなくてはと反省しています。

求めてくださる人たちのそばに寄り添い温かな対話をすることで、元気を取り戻すお手伝いが少しはできるようになったでしょうか。

また、お話を真剣に聴かせていただくことを習慣化する中で、今まで気づかなかった色々のことが見えてくるようになったと感じます。

その上、何より、待っていてくれる人たちがいてくださる歓びは何にも代え難いものです。ある脳科学者の先生が、高知市主催夏期大学での講演で「アンチエイジングに欠かせないのはドーパミンです。ドーパミンは、食物から摂ることはできません。人に何かして喜んでいただくことにより、あ〜よかったと思った瞬間、大量放出されます。ですから、ボランティア活動を愉しみながらするというのが、最も若々しくいられる秘訣です」とおっしゃっていました。本当にそうだと日々実感しています。

「私は傾聴している」と大袈裟に構えず、ほんの少し、相手のリズムとトーンに合わせ、3つのパスポート（アイコンタクト・笑顔・うなずき）を意識するだけでも、寂しい孤独な人たちを明るくして差し上げることができるような気がします。

多くの人が、ときにはご近所・お友だち・もちろん家族の皆に「傾聴モード」でお話しできたり、町中の人たちが「傾聴モード」を日々の生活で自然にできるようになったらいいなぁ〜と思っています。

高知とんぼの会　メンバーで楽しく小旅行

地域で傾聴活動を

平成18年佐賀講座生
傾聴ボランティア
佐賀・かたらい
会長　市丸　俊文

■傾聴活動を継続発展するために■

「傾聴ボランティア・佐賀かたらい」が結成以来何とか運営できた背景には、佐賀市社会福祉協議会並びに関係先の温かいご支援と、会員をはじめとする役員の方々の傾聴にかける熱意と努力が、会長の未熟さを補って余りあるご協力の賜物であると感謝しています。

傾聴活動を経験するたびに、傾聴の重要さと奥の深さを改めて考えさせられます。これまでは行政にすべて頼ってきましたが、本年度（平成21年度）からは自主独立の運営となりました。会員自身も高齢化に向かう中で会員の確保と運営資金をどう確保するか、今後のボランティア活動にとって大きな課題となるでしょう。

行政と利用する施設機関と「かたらい」が協働しながら展開しないと、組織は弱体化します。そのためには次の世代への移行も今から模索しなければなりません。会員一人ひとりが経験を積み重ね研鑽し、スキルを高め、高齢者のお話のよき聴き手として成長しなければならないと思います。

私達は多くの高齢者の方々に生きる勇気を持っていただくための重要な役割を果たしていることを自覚し活動したいと思います。

人の顔形がそれぞれ違うように、一人ひとり思っていることや、考えている事が違います。真剣にその人と向き合い、その人の心を理解しようと接することにより、その人が心を癒され、自ら諦めず、自分の意思が表現できるように、傾聴の基本理念と知識の修得を行い実践活動によって経験を積み重ねることが重要になると思います。

いつかは自分もお世話になるだろうと思い、誰も望んでいないことを素直に黙々とお世話する人たちが周囲に増えることを願いながらチャレンジしていきたいと思います。

■これまでの歩み■

2006年9月、佐賀市社会福祉協議会主催による赤い羽根共同募金募集事業として傾聴ボランティア養成・短期集中講座の募集が行われました。「何か自分にできる活動があったら」との強い思いで養成講座に参加し、そのとき「傾聴」に出会いました。

50歳以上との案内があり、70歳に近い年齢で4日間果たして研修についていけるか、いささか不安を感じながら初日を迎えました。午前中の鈴木先生の公開講座が始まり、耳新しい「傾聴」という言葉の意味を知り、これからの高齢社会の到来に求められるボランティア活動だと直感しました。佐賀での第一期生として25時間の研修を終え、しばらく期間をおいてその年の12月社協の紹介で在宅傾聴の実践活動が始まりました。

■「傾聴ボランティア佐賀・かたらい」グループ結成■

在宅傾聴を体験しながら、傾聴ボランティアグループ結成に向け約半年間、研修仲間と自主的に話し合いを続け、２００７年3月30日「傾聴ボランティア佐賀・かたらい」（通称かたらい）を結成することとなりました。

「かたらい」では早速地元の社会福祉協議会・高齢福祉課地域包括支援センター・特別養護老人ホーム・通所デイサービス施設など10ヶ所の施設及び在宅訪問5ヶ所と連携し、悩みや、不安、寂しさを抱えた高齢者と向き合いお話を聴くことにより、ただひとときの間、そばに寄り添いその人の心を癒すことができればという新たな福祉活動を推進しております。

今年（２００９年）3月末で「かたらい」活動は3年目を迎え1期・2期・3期生合わせて71名が入会しました。当初は何事も初めての体験で、運営面では、社会福祉協議会のスタッフの方々に会場の世話・資料作成・施設への連絡調整など多方面にわたり支援していただきながらの出発でした。

かたらい組織と運営について

先ず組織の運営を円滑に推進するため、会則を作り役員（会長・副会長2名・会計1名・庶務若干名）を選出し、役員会（月2回）実施。会員及び社協担当者出席による、定例会（月1回）実施。定例会での報告事項・議題などを役員会で検討し、事前に資料を準備します。定例会での重点項目として、会の初めに一人ひとりに傾聴での体験を述べてもらい、意見を差し挟まないで参加者全員が傾聴する訓練や、NPO法人ホールファミリーケア協会発行の「月刊傾聴ボランティア」の中から紹介したい記事を係りが読み上げる伝達勉強会を実施。そのほか、地元施設の認知症専門医による認知症講座、認知症介護体験記の著者を呼んでの研修会等、定例会の場を活用し勉強会を実施しています。

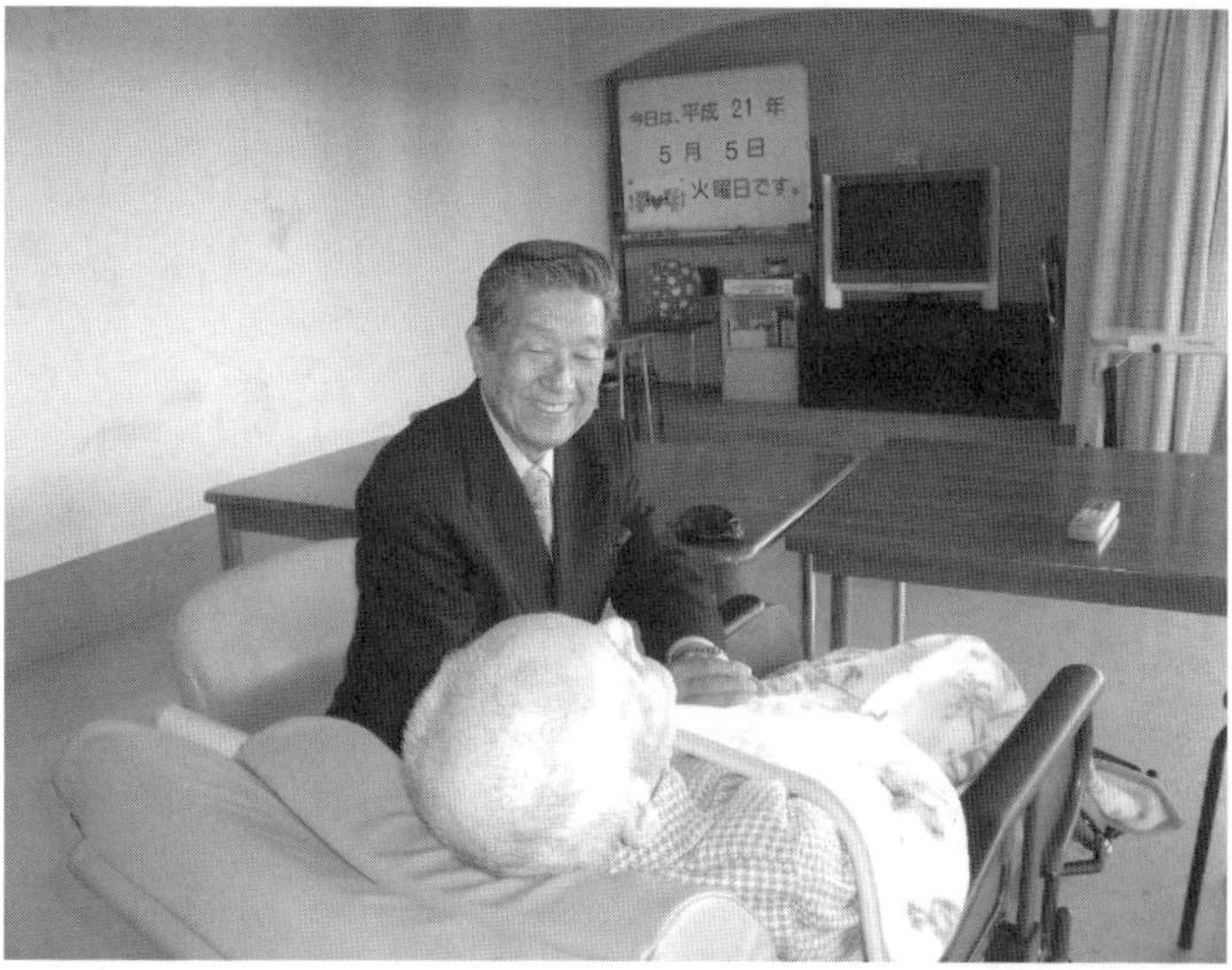

また会員相互・施設・在宅傾聴の情報交換の場として「かたらいニュース」毎年2回（2月・7月）機関誌（A4判6ページ）を発行しております。

その他、会員の傾聴活動を円滑に行うため訪問先の施設では傾聴終了後、担当のケアマネジャーとの15分程度の話し合いを実施。会員必携の活動上のオリエンテーション資料及び在宅傾聴時の流れと、活動に際しての注意事項、名前札など準備しています。

■傾聴で体験した感動の出会い■

○在宅傾聴で

女性86歳、現在この奥様は足が不自由で軽い認知症。デイサービスと訪問介護を受けています。ご主人は来年百歳を迎えられます。奥様の身の回りの世話をしながら寝たきりになることもなく、毎日元気に近くを散歩されています。現在自分史を執筆中。子どもや孫に百歳を迎えたら発表したいと楽しみにしておられます。奥様にもご主人と一緒に何度かお会いしましたが、昔のことはお二人ともよく憶えておられ、二人で力を合わせ頑張ってきたとお互い感謝しておられます。

お会いして6回目のとき、ふと奥様が漏らされたことは、料理が好きでいつも主人のために作っていたが、今は危ないからと家事を取り上げられ淋しい。女が家事を取り上げられたらお終いだねと淋しくつぶやいておられました。ご主人がトイレに行かれたわずかの会話の時に……ご主人は火事が心配でガスも止めているとのこと。家族に世話されることに抵抗を感じておられ、自分の気持ちを聴いて貰い嬉しかった……とほっとされた表情をされました。

○総合病院の個室で

男性86歳。奥様を2年前に亡くされ、1年後に入院。近くに息子夫婦が住んでおられ、息子のパートナーが午前中に来てくれていますが、奥様と話していたときとは違い、淋しいとのこと。病院の枕元にある電気スタンドのコードを巻きつけて体をずらして下に落ちると死ねるかな、と何度も考えたと話されました。孫と話したいと言ったら携帯電話を買ってくれたが、いざ使おうとしたら、使い方が分からない。看護師に頼むのも迷惑かけると遠慮しているとのこと。何事も不自由ばかりで家に戻りたいと話される。昔の生活や仕事のこと、奥様との思い出などおうかがいすることが何回か続いたとき、ふと死ぬと昔の仲間に笑われるかもしれないと思い、止めることにしたと言われました。話し相手がほしかったのでは…と思い、次に訪問したときには、奥さんの法事を機会に家に帰られたとのこと……よかったと思いました。

○特別養護老人ホームで

女性96歳。ホーム暦6年、最初は全然受け入れて貰えず、1時間がすごく長く感じられました。

何度か通ううちに、少しずつ話をされるようになり、娘時代の話などされるようになりました。絵画が趣味で観察力に優れ、話すお言葉がきれいです。お父様が生前銀行に勤めておられた様子で、小さい頃お父様と過ごしたことなどをよく話されていました。ご主人やお子様の話が出ないので尋ねたところ、結婚後間もなく、ご主人が兵隊に召集となり外地にて戦死されたと話されました。楽しい思い出もなく、二人を引き裂いた戦争のむごさを思い出しては胸が痛む……と言っておられました。先日、天皇皇后両陛下ご成婚の五十周年記念日に、天皇陛下が戦争の責任を昭和天皇から引き継ぎ、日本国の象徴としての重責を真剣に受けとめ、民間から嫁がれた美智子皇后の優しい心遣いに感謝したいと言われていたお言葉をテレビで拝聴し、積年の恨みも和らぎ、陛下の象徴としての責務の大きさが伝わってくる思いで涙したと語られました……懸命に生きて来られたのですね。

○介護老人保健施設にて

男性86歳。3歳のとき失明、現在入院中、食事は管で直接吸入されています。お会いするときは、いつも物静かな方で、穏やかな言葉で「係の方にお世話になって」と感謝の言葉を述べられます。16歳で仏門に入り修行の後、得度され檀家参りをしていたと話されます。目が不自由なのに、お話をするときは、私のことを気遣い、椅子はありますかと頭をすこし私の方に動かし何度も尋ねられます。お会いした当初はどのように接したらよいか戸惑い、その方の手を触らせていただき、静かに声をかけられるのをお待ちしていました。しばらくして握った左手が少しずつ温かく感じられるようになった頃、幼い頃の思い出を語り始められました。ベッドの横には携帯用の小さなラジオがあります。大正・昭和に流行した歌謡曲が好きとのこと。歌手は？　と尋ねると村田英雄（佐賀出身）や三波春夫・美空ひばり等……。「私は美空ひばりと同じ年ですよ」と声をかけると口元がほころびます。ポツリと「りんご追分」が好きと言われ、小さな声で歌われます。思わず一緒に歌ってしまいました。心の窓が静かに開くように感じました。

傾聴ボランティア活動に参加でき、素敵なかたに出会い教えられる日々です。感謝。

若葉マークの傾聴ですが

23期生
佐藤　文

あんないい笑顔になられるなんて

話を聴くことに関心を持ったのは、はっきりあの日と言えます。

それは引っ越して間もなくの日曜日、回覧板を持って向かいのお宅に行き、そのまま郵便物を取って戻ってきたわずか5分後のことです。

向かいのお宅のお婆ちゃんが大きな紙袋を2つ持って立っています。

「どうされましたか?」と、声をかけつつ、開けたドアから「お入りください」と言う間もあるかないか、ドンドン入ってこられ、私は押され気味に椅子を勧めました。時計を見るとお昼少し前。取りあえずお茶を用意している間に紙袋からアルバムを出し、テーブルに並べておられます。訝っていますと、話がドンドン進んでいきます。このとき、私は嫌だなあと思ったのです。お嫁さんの悪口になるに違いありません。これから長いお付き合いが始まるのですから聞きたくはありません。

しかし、そんな私の心配をよそにお話は止まる気配もありません。「誰かに一度、聞いてほしいと準備してあったの。さっき、あっ、この人なら話を聞いてもらえると思って、飛んできたの」と言われます。

セピア色の写真を一枚一枚指差して、これが父、これがお爺ちゃんと続きます。このときには、空腹も忘れ、仕方がない、この方の話に付き合おうと観念していました。さらに女学校の話へと途切れることなく続いていきます。お嫁さんの話から、先年亡くなられたご主人の話、お孫さんの話に変わり、話したかったことは全部話したと、なんと6時少し前に席を立たれました。そのときのお顔のそれはそれは素晴らしく、菩薩様もかなわないような笑顔で帰っていかれました。

これは大変な驚きで、私は「うん、うん」と相づちを打っていただけなのにあんなにいい笑顔になられるなんて、話を聴くってよいことなんだなあと思ったのです。この出来事がきっかけになり、傾聴を学び始めました。そして、講座修了後、今通っている老人施設を紹介されたのです。

次第にうち解け、聴く、様々なお話

初めてホームにうかがった日は何と事故で電車が止まって、40分近くも遅れてしまいました。また、ホームでは、「傾聴」を理解しているのはボランティア担当の職員の方だけというような状態で、他の職員の方には何をしにきたのと言わんばかりの視線を向けられる始末でした。「傾聴って何ですか?」と訊かれるので、「お話ししたいことがあったら、私が聴き役になってさっぱりしていただくんですよ」と説明しました。

2度、3度通っているうちに皆さん何となく理解してくださって、職員の方からあの方をと指名されることが増えてきました。

「ホームに入居されて2年間、一度も面会のない方がいるのです。お話し相手になってあげてください」と、紹介されたLさんは傾聴が理解できなくて、すがめつつ私を見ています。

「傾聴ボランティアとは……」と、聴き手に徹するボランティアであることを説明しました。すると、お返しのように今まで住んでいたところの話をしてくださいました。丁度その日は日差しがよく、ホームの南側に出て一緒に日光浴をし、それから二人で手をつないでゆっくり、ゆっくり散歩をしました。その途中にローズマリーの大木を見つけ、3枝ほどを摘んでボタンホールに差してあげますと、その爽やかな香りに、「いいねえ、いいねえ」と喜んでくださいましたが、3、4歩歩かれると、「何の花だっけ?」、「ローズマリーです」と、笑い合いながらくり返し、散歩を終えました。少しずつ気持ちの通い合いが生まれてきているような気がしました。

少しして、「Tさんをお願いします」と別の方を依頼されました。彼女は1日中「オシッコ、オシッコ」と騒ぎ続け、職員の方にもいささか持て余されているようです。ご主人とともにケーキ屋さんとして働きに働いた時代のことをくり返し話されますが、5分おきくらいにオシッコと職員の方に呼びかけます。職員の方は知らんぷり。私も「さっき見てもらったばかりだから大丈夫じゃないですか」と言いつつ、「オシッコ」はこの方の最大の危機の訴え、自分に注意を向けてほしくて言っているのだろうなと思い、彼女の手を握りながら、また、手遊びなどもしながらお話を聴き続けました。彼女はポツリ、ポツリ息子さんが戦死されたときのことを話し始められました。時代の趨勢で、大声をあげて泣くことも許されなかったのでしょうか。あるいは自分を律し、涙を必死にこらえてその後を生きてこられたのかもしれません。うかがっていて切なさがジーンと湧いてきました。その頃にはもう「オシッコ」と騒いでいませんでした。これまでのことを静かに話し始めると、いつの間にか職員の方の輪ができていて、彼女に次々と話しかけているのです。「そんなこと、知らなかったわ」と職員さん。職員さんも初めて彼女の昔話を聴かせていただいたようでした。

先のLさんとは次第にうち解け、施設を訪問すると真っ先に訪ね、帰り際も必ず一言声をかけるのが習慣になりつつあったある日、二人でホールの隅で話していましたら、職員の方が、「Mさんが、お話を聴いてほしいとお部屋で待っています」と、呼びにきました。「じゃLさん、今日はここまでで。また来ますね」と、私は約束をしたつもりで席を立ったのですが、このとき、自分が大失敗をしているとは気づきませんでした。

Mさんは、日本の高度成長を双肩に担って、働きに働いてきたような男性。今は口が少し不自由になっておられますが、輝かしい時代のことをお話しされ、尽きません。あの大学、あの病院と、私も名前を知っている建物や施設がいくつも出てきました。ボーナスはこのくらいだったと、見たこともないような高さに手を上げられました。話は終る気配がありませんが、帰る時間がきてしまいました。

帰り際、いつものようにLさんをお訪ねしますと眠っていらっしゃいました。乱れていた布団の衿元を直し、無言の挨拶をして帰りました。

そして次の訪問日、いつものようにLさんを真っ先に訪ねましたら、いきなり、「私、あんたを断わったはずだよ」と、口をきいてくれません。

ここでやっと自分の失敗と思いやりのなさに気がついたのです。ここのホームに来て初めて自分を訪ねてきてくれた人、自分のために来てくれているその人が、別の人の話を聴きに行って、待てども待てども部屋から出てこない。「何だぁ」と失望も落胆もされたのでしょう。ああ、もっと思いやりのある行動がとれなかったものかと、遅い反省をしました。

その後、「じゃあ、また来ます」、「もう来なくていいよ」というやり取りを何回か繰り返していましたが、今はさらりとした仲良しです。

私が来ているから、ホーム中を捜して歩いていた、とTさん。

「もうお話ししたいことが一杯あるの、政治のことでしょう、女性の地位のことでしょう、エリザベス女王のことでしょう」、「エリザベス女王のことですか?」、努力に努力を重ね、学歴や資格を習得してきたTさんの人生はそのまま女性史です。住まいのあった60年前、50年前の渋谷の話は興味深く、聴き入ってしまいます。

とりわけ心を傾けてうかがったお話は、34歳の息子さんを交通事故で亡くされたときのこと。「いつまでも悲しんでいては自分が壊れてしまうでしょう。ぱっと切り替えて生きてきたのよ。いつまでも嘆いているだけでは解決しないもの」。このとき、私は言葉が出なくなってしまいました。Tさんの話がすぐに理解できず、翌週うかがったとき、「ごめんなさい。『いつまでも悲しんでいられないと思った』と話してくださったところが、どうしても理解できないんです。辛いことを思い出させて悪いのですが、もう一度お話ししていただけませんか」とお願いしました。

「そりゃ、辛かったわよ。でもね、どんなに悲しんでも、もう還らないのだし、主人や下の子もいるから、嘆き悲しんで私が体を壊してしまってはいけないでしょう。天国でまた逢えるのですもの。私はクリスチャンだからそう思えたのよ」

そのようなこともあるのかと、Tさんのお話を感銘深くうかがわせていただきました。

ケアマネジャーから、「施設を出たがっている方がいるので、お話を聴いてあげてください」と依頼がきました。お会いすると、「施設の規則が細かすぎて、私には向かない。前にいた施設では夜中にお水を飲んでもよかったの。ここでは駄目って言われるのよ」。「それが、この施設が気に入らない理由ですか?」「そうだね」と言いつつ、女一人頑張って生きてきたこれまでのことを話し始められました。「縫製の仕事をしていてね、仕事が終わったら毎夜、ミシンを分解して丁寧に掃除したのよ。だから店を閉めるとき、100万円で買ったミシンを業者が50万円で引き取ってくれて嬉しかった」と、本当に嬉しそうに話してくださいました。翌週、訪問したとき、お水のことがどうなったかと気になり、尋ねると、これには触れず「お医者さんに『あんたは寝ていなさい』と言われてしまったの。もう生きている価値がないように思う」と、訴えるように話される。

私が「ペースメーカーを入れていらっしゃるから、お医者さんも『静かに寝ていなさい』と言われたんじゃないでしょうか」と言うと、「そうかねえ」と、少し落ち着いてこられました。その後、アメリカにいる甥御さんの話などをうかがっていたら、「今日は言いたいことを全部話したわ」とお声が出たので、「また呼んでくださいね」と辞しました。翌週、訪問したとき、「この前、話したいことを全部話したから、今日は何もないのよ」とにこにこ顔。以来、目が合うとにっこりと笑顔を交わし合っています。

若葉マークのつたない聴き手の相手をしてくださるホームの方々、何も聞き出そうとしないボランティア担当の職員の方、傾聴についてご指導くださっている先生方に感謝しつつ、元気のお裾分けに預かりながらホームに通っています。

第5章

傾聴ボランティアの始め方

傾聴に関する一定のスキルを身に付けたあなた、これから傾聴ボランティアとして活動したいと思っているあなた、さあ、どこに行ったら傾聴ボランティアとして、活動することができるでしょうか?

NPO法人ホールファミリーケア協会（以下協会といいます）では、先ず、講座参加の皆さんへ、講座が修了する前に、「傾聴ボランティアの始め方ガイド」をお渡ししています。そのガイドの中身を見てみましょう。

1 個人で始める場合

① 地域の社会福祉協議会、またはボランティアセンターへ

(1) 社会福祉協議会・ボランティアセンターで募集掲示の確認を

傾聴ボランティアとして活動したいと思ったときには、先ず、ご自分がお住まいの地域の社会福祉協議会（以下社協と言います）あるいは社協付属のボランティアセンターへ行ってみてください。そして、お話し相手募集あるいは傾聴ボランティア募集の掲示が出ていないかどうかチェックしてみてください。掲示があればOK、そこに書いてあるところ（高齢者関係の施設が多い……特別養護老人ホーム、デイサービスセンター、グループホーム、あるいは長期療養型の病院等。中には

知的障害者や身体障害者施設などもあります）に連絡を取ってみてください。その際には、社会福祉協議会・ボランティアセンターの担当者を通して連絡をしてもらってください。

(2) 傾聴ボランティア募集掲示がない場合は

もし、不幸にして、こうした掲示がない場合は、社会福祉協議会・ボランティアセンターの担当者に、「傾聴の研修を受けているので傾聴ボランティアがしたいのですが、どこか適当なところを紹介してもらえないでしょうか」と相談してください。「傾聴ボランティア」という言葉がよく理解してもらえない場合は、「お話を聴くトレーニングを積んだお話し相手ボランティア」と言い替えて説明してください。きっと、適当な場所（多くは高齢者施設）を紹介してもらえます。

(3) 社協・ボランティアセンターへの問い合わせは自分の足で

社協・ボランティアセンターへは必ず自分の足で訪ねて相談をしましょう。電話は厳禁です。電話に出た社協・ボランティアセンターの担当者がたまたま、「傾聴ボランティア」という言葉を知らないことも考えられますし、また、知っていたとしてもたまたま席を外しているということもあり得るからです。

最近では、かなり、「傾聴」あるいは「傾聴ボランティア」という言葉の認知度も高まってきていますので、勇気を持って訪ねてみましょう。

協会としては、ボランティア活動をするにしても、自ら主体的に動いて活動場所を開拓していく方をボランティアだと考えています。何も行動を起こさずに自宅にじっとしていて、いつかボランティアをしてくださいという依頼が天から降ってくるのを待っていても、降ってくるわけではありません。努力のないところには何も生まれません。ある修了生が社協に電話をしたら、傾聴ボランティアなんて聞いたこともないと言われたということがありましたが、当の社協からは協会へ傾聴ボランティア養成講座の開催について問い合わせがあるというチグハグなことも実際にはあります。「電話で安易に」はご法度だとご理解ください。

(4) 社協・ボランティアセンター内に傾聴ボランティアグループも

最近では、社協・ボランティアセンター主催で、「傾聴ボランティア養成講座」を開催するところも増えてきています。勿論、協会も協力させていただいて講座を開催しています。こうした講座の修了生たちは、もともとこうしたボランティア活動を実際に始めたいと考えている方々が大半ですので、講座修了後、すぐに活動グループができているところもあります。活動グループができていない場合でも、養成講座を実施した社協・ボランティアセンターでは、傾聴ボランティアについて理解してもらえていますので、是非、相談に行ってください。

(5)　ボランティア保険に加入を

社協・ボランティアセンター経由で活動する場合には、そこへボランティアとして登録することになります。その場合には、本人が希望すれば、社協・ボランティアセンターで一括して加入している「ボランティア保険」に加入することができます。保険料（年間数百円程度）は自己負担というケースが最近では多くなっていますが、これに加入していると、例えば、自宅からボランティア先への往復時の交通事故やボランティア先で何かを壊した、相手を傷つけた等の事故の場合にその損害が保険でカバーされます。ボランティア保険に加入できるかどうか、必ず確認し、可能な場合には加入することをお勧めします。

②　地域活動グループに参加を

(1)　先輩たちの地域活動グループ

協会主催の傾聴ボランティア養成講座を修了した先輩たちが、地域で活動グループを作っているという場合もあります。その場合には、そこに参加して、活動するということをお勧めします。

多くのグループでは、講座修了生ではなくても（しかし、講座を受ける機会が次に来た場合には受講することを条件に）、傾聴ボランティアをやってみたいという方々を仲間として受け入れています。お話を聴くことを通して、他者のために何らかの形で役に立ちたいという思いそのものが、仲間としての共通のパスポートです。

(2) 最初は、先輩ボランティアの真似から

誰しも最初は戸惑いや不安があるものです。それは傾聴ボランティア活動の場合でも同じです。先ず、先輩たちの活動状況を見学させてもらうところから始めるのも一つの方法です。先輩たちが活動している場所（高齢者施設等）で、一緒に活動させてもらうというのが手っ取り早いかもしれません。何回か同行させてもらいながら、慣れてきた時点で、自分の近くの社協・ボランティアセンター、あるいは高齢者施設等に行き、相談するという方法もあります。

(3) 活動グループの定期会合に参加する

多くの地域活動グループでは、1、2ヶ月に一度、定期的に会合を開いています。

こうした会合に参加することは、各種の情報交換に役立つばかりではなく、仲間同士で活動について話をすることによってピア・カウンセリングまたはピア・サポートの場としても大いに役に立ちます。傾聴ボランティア活動には、聴いた話をみだりに他者に話さないという原則（守秘義務）がありますので、場合によっては、傾聴した様々な話が、自分自身にとってストレスになるという

こともあります。こうした際に、仲間同士で話をするということは、ストレスの解消のために有効であるばかりか、どのように対応するのが適切なのかを知るという意味で、日常的なスキルアップの場としても有効に機能します。

③ 仲間と一緒に

社協・ボランティアセンターを訪問する際にも、高齢者施設等を初めて訪れる際にも、先輩たちの会合に初めて顔を出す場合にも、できれば仲間何名かと一緒に行動することをお勧めします。最初から無理をせずに、もしお仲間がいるのであれば、是非一緒に行動しましょう。ボランティア活動をする人が増えてきたとはいえ、まだまだ中高年の人たちの中には、「ボランティア活動は初めて」という人たちもいます。無理をせず、できることから始めるというのも大事なスタンス。そうした意味でも、特に最初は仲間と一緒に、いろいろトライしてみましょう。

④ 福祉・介護関係の知り合いを当たろう

例えば、どこかの高齢者施設に勤めている方がお知り合いにいませんか。施設長さん、施設の職員さん、あるいは自治体の高齢者担当課にお勤めの方等々。こうした方とお知り合いの場合は、傾聴ボランティア活動を始めるに当たっても、ものごとがとても簡単にいくことがあります。

こういう方に紹介してもらえれば、話はとても簡単です。
ただし、こうした場合でも、傾聴ボランティア活動を始めるに当たっての決め事はしっかり確認し合いましょう。

（※傾聴ボランティア活動を始める際にどのようなことを確認し合っておけばよいかについては後述します。）

⑤ 他の窓口も当たってみよう

傾聴ボランティア活動開始にあたっては、地域の病院、地方自治体の高齢者担当課などに相談するという方法もあります。勿論、地域の各種の高齢者施設（特別養護老人ホーム、老健施設、デイサービスセンター、デイケアセンター、有料老人ホーム等）に直接、相談してみるという方法もあります。これまでの経験では、高齢者施設等は、できれば、社協・ボランティアセンターや自治体の高齢者担当課等を経由して当たってみる方がよいようです。こうした施設の門を自分ひとりで叩く場合には、傾聴ボランティアについて、一から説明しなければならない場合があります。あるいは、難しい条件をいう施設では、講座の修了証を持ってくるようにと要求される場合もあります。

最近では、病院でも多くのボランティアが活動しているところがありますので、先ず、事務局で尋ねてみましょう。「叩けよ、さらば開かれん！」です。

⑥ 養成講座を修了していなくても傾聴ボランティア活動を始められるの？

この本を読んで、第3章の「実際にやってみよう、誰にでもできる傾聴」で「傾聴の心構え」や「上手な聴き方のスキル」の幾つかを身に付けようと真剣に思っている方であれば、とりあえず傾聴ボランティア（候補生）として、活動を始めていただいても構わないと協会では考えています。

※傾聴とはよりよい人間関係を目指すものですし、よりよい人間関係は相手を受容し共感的に受けとめることから初めて始まるということについてご理解をお持ちいただく限り、その方は傾聴ボランティアを始めていただく資格が十分におありになると協会としては考えます。

また、傾聴ボランティア活動は、実践的に活動してこそ初めて意味のある活動になりますので、そうした意味では、講座で学んだけれども活動を開始していないという方よりは、未熟ながら、相手の存在を尊重しながら、とにかく活動を開始したあなたの方がより価値があると思います。

しかし、ともかくも活動を始めたあなたも、機会がありましたら、必ずキチンと養成講座を受講して学ばれることをお勧めします。実践活動を通して、きっと、もっと学びたい、学ぶ必要があると必ず実感されると思います。協会としては、こうした実践活動の中から生まれた、学びの必要性への思いを高く評価したいと思います。

⑦ 傾聴ボランティア活動開始時の約束事の確認とは

A．施設編

施設で傾聴ボランティア活動を始める際には次のことを確認しましょう。トラブルが発生しないよう、また、継続的に活動ができるためにも、これらの確認が重要であることについて、施設担当者にも是非理解をしてもらってください。

（1）活動の曜日・時間の確認

活動する曜日・時間帯を、話し合って決めます。

施設では、様々な週間・月間の行事予定があり、傾聴ボランティアとして訪問する望ましい曜日・時間帯について確認をする必要があります。もちろん、自分が継続的に活動できる曜日・時間帯についてキチンと伝え、施設と調整を図りましょう。

（2）活動内容の確認

「傾聴ボランティアのつもりが、気がついたら作業ボランティアになってしまっていた……」という話を耳にすることがあります。こうしたことを避けるためには、当該施設ではどのような形で傾聴ボランティア活動ができるのか、事前にしっかり確認しておくことが必要です。

傾聴ボランティアにも様々なスタイルがあります。あなた自身は、次のどのスタイルで活動したいと考えているのでしょうか。

●傾聴ボランティアに特化したい。

●その他の軽作業をしながらお話を聴く形でも構わない。

●最初は施設に慣れるために軽作業のお手伝いをすることから始め、慣れてきたら傾聴ボランティアに特化して活動したい。

●傾聴ボランティアに特化して活動したいので、お茶・コーヒー等を出したりお茶碗洗いなどは一切したくない。

●傾聴ボランティアに特化して活動したいが、お茶出しやカップ洗いくらいは、活動中の自然な流れであれば、しても構わない。

さて、あなたはどのタイプでしょうか。

どのような形で傾聴ボランティア活動をしたいのか、キチンと自分の考えを述べると同時に、また、当該の施設としてはどのような形の傾聴ボランティアを求めているのかをキチンと確認しましょう。自分として妥協できるのであれば、妥協点を見出して活動開始となるでしょうし、そうでない場合には、違う施設を当たってみなければならなくなります。どのスタイルがよいということはありません。自分の信じるところに従って行動してください。

傾聴ボランティア活動開始時の約束事確認表 (参考)

＜A　施設編＞

傾聴ボランティア活動を開始するに当たって、施設の担当者の方と次の事項について確認しておきましょう。よりよい形で活動を継続していくためにも、施設担当者にもご理解いただくよう努力しましょう。

施設名:

傾聴ボランティア氏名:

平成　　年　　月　　日

①活動の曜日・時間	毎月・週（　　）曜日と（　　）曜日 毎回（　）時〜（　）時まで 活動開始日:　　年　月　日から
②活動内容	傾聴ボランティアに特化して活動できるかどうか
③施設担当者	氏名:　　　　役職: 電話番号　　　　Fax番号
④傾聴する相手の確認	
⑤傾聴活動をする場所	
⑥部屋への入室可か	
⑦同室者への配慮の有無	
⑧傾聴相手の事前の個人情報	
⑨特に気を付けるべき点	
⑩守秘義務について	
⑪本人からの訴えの処理方法	
⑫茶菓を出された場合の対応	
⑬物を提供された場合の対応	
⑭車椅子を押すことについて	
⑮他の介助について	
⑯事故時の責任の所在の確認	
⑰ボランティア・ノートの設置	
⑱定期的な会合について	
⑲事後の経過についての情報	
⑳交通費支給の有無について	

傾聴に特化ということでなければ、現実的には後述の(5)の当たりで「妥協」ができるとよいかもしれません。勿論、施設の方針として、喫茶の手伝いや茶碗洗いなどは、傾聴ボランティアにはさせない、してもらわないというところもあります。

お話を聴くボランティア活動をしたいと思っている方々にとっては、ただ、人手不足の穴埋め要員（労働力）として使われるだけという状況は避けたいところでしょう。

現状では、多くの施設では、限られた人数の職員が食事・排泄・入浴の世話のために忙しく立ち働いていて、個々の入居者の話を十分に聴いて上げられないという状況があります。こうした状況下、個々の入居者に、個別に、話し相手をしてくれる傾聴ボランティアの存在は非常に貴重であり、ありがたい存在であるはずです。人はパンのみで生きているわけではありません。精神生活を伴って初めて、人が人たり得るはずです。こうしたことについて、自分たちが十全にやりきれていないことについて率直な反省を持たない施設、あるいはこうしたことがとても大切なことであるという認識を持てない施設では、傾聴ボランティア活動は難しいかもしれません。

(3) 施設担当者の確認

施設における傾聴ボランティアの担当者を確認しましょう。また、止むを得ない事情により、お休みや訪問日の変更をする場合、誰にどう連絡をすればよいか、その方法を確認しましょう。

(4) 傾聴をする相手の確認

傾聴する相手は特定の人か、不特定か、あるいは、その日ごとに施設が指定するのか、それとも自分で自由に相手を選んでいいのかを確認しましょう。施設ごとに方針や事情があり、原則としてそれに従うことが望まれます。しかし、自分は、特定の人とじっくり話をするパターンを希望するというような場合には、その希望を伝え、施設と話し合ってみましょう。

(5) 活動場所の確認

傾聴ボランティア活動を行う場所を確認しましょう。喫茶室、あるいは全員が集まる食堂か、居間なのか、それとも、相手の部屋かどうかを確認しましょう。また、喫茶室で話をして、その後、部屋で話を聴くというようなパターンはOKかどうかを確認しましょう。

(6) 部屋入室可かどうかの確認

特定の人のお話を傾聴するとき、あるいは話の展開によっては、その人の部屋に入ってお話を聴いてもよいかどうか確認しましょう。

(7) 同室者への配慮の確認

4人部屋、2人部屋等、個室ではない場合、その部屋である特定の人のお話し相手をしても支障がないかどうか、他の同室者へ話が聞こえても支障がないかどうか確認しましょう。

(8) 傾聴相手の個人情報の確認

お話をお聴きする相手について、家族の情報を含め、事前にどのような個人情報を聞かせてもらえるのか、あるいは、個人情報は基本的にはない状態で傾聴を行うのかどうか、確認しましょう。

(9) 特に気をつけるべき点等についての確認

認知症を含め、特定の病気の症状、あるいは何か症状が出た際に気をつけるべき点等について事前に教えてもらったほうがよい点があるかどうか確認しましょう。

(10) 守秘義務についての確認

相手から聴いた話は、原則として守秘義務があり、施設には伝えないが、それでよいかどうかを確認しましょう。しかし一方で、報告義務として、体の不調や著しく健康や命に関わると思われる問題については施設に伝えるつもりであるが、それでよいか確認しましょう。

(11) 本人からの訴えについての確認

傾聴をする相手からの訴え（体の不調、施設への不満、施設職員への不満、あるいはその他不満や不安）を聴いた場合は、本人が施設に対して言ってほしいということについては伝えたいが、それでよいか、確認しましょう（特定の相手が決まったら、その方が訴え癖があるかどうか事前に確認しましょう）。施設によっては、本人の訴えにさほど大きな重点を置かない施設と、入居者（利用者）の不満は、施設運営改善の糸口として積極的に捉える施設があります。それぞれ施設の方針がありますので、それを事前に確認しましょう。施設としては入居者の状況は全体として把握しているので、そうした訴えを逐一報告してもらわなくてもよいという場合もあります（しかし、次回面談の際に、伝えたかどうか尋ねられる可能性があるので、利用者が施設に伝えて欲しいと望むことについては、現実的には伝えざるを得ないというような場合もあります）。

傾聴ボランティアが困るケースとして、施設職員の悪口を聴かされるということがあります。こうした場合の対応としては、まず受けとめて聴くしかありませんが、悪口が延々と続かないように話題を他に転化する工夫も必要となります。また、悪口を聴き続けることが耐えられない場合は、こうした悪口ばかりを聴き続けるのは、自分にとってはとても苦しいので、「できたら何か他のことについてお話をしませんか」と、正直に自分を表現するとともに、なるべく明るい話題に持っていくようにするのも、傾聴ボランティアのスキルのひとつです。

> 傾聴ボランティアは、基本的には「施設の方針」に従うことが求められます

⑿ 食べ物・飲み物を提供された場合の確認

お茶の時間等に、傾聴する相手から、何か食べ物や飲み物を提供されるようなことがあるかどうか、また、その場合にはどうしたらよいか、確認しましょう。

⒀ 物をもらった場合の対応の確認

傾聴相手からお礼にと言って物をもらう場合がありますが、その場合にはどうしたらよいか、確認しましょう。多くの施設では、物の授受は原則禁止という場合が多いようですが、どうしてもあげたいという利用者もいますので、柔軟な対応方法が求められる場合もあります。この辺のことについて施設担当者と事前に話し合っておくとよいでしょう（例えば、とりあえず傾聴ボランティアが一度預かって、それを後でこっそり施設担当者に渡すとか）。相手が認知症の高齢者の場合などは、こうした柔軟な、相手を傷つけない対応が必要なケースも多くあります。

⒁ 車椅子を押すことについての確認

車椅子を押してもよいかどうか、確認しましょう。基本的には、傾聴ボランティアは車椅子は押さない、車椅子での移動は手伝わないことが原則ですが、行きがかり上、本人から押して部屋へ（あるいは外へ）連れて行ってほしいと依頼されることもあります。こうした場合はどうしたらよいか、事前に尋ね、確認しておく必要があります。施設によっては、施設の建物内ならＯＫということもありますし、また、建物の外に車椅子で出かけても大丈夫ということもあります。ＯＫの場合は、もちろん、利用者の依頼によって車椅子を押すことになるのですが、車椅子を押すのは結構難しく慣れが必要です。車椅子を押した経験のない人は、面倒でも、必ず、車椅子の基本的な操作について事前に教えてもらうと同時に、車椅子を押す練習をしてから実際の現場に臨むことが必要です。

また、車椅子を押す手伝いをしていて事故等が起きた場合、責任問題はどうなるのか事前に確認しておきましょう。

なお、事故があった場合、責任問題が生じますので、自分から今日は外に行きましょうと提案して、車椅子を押して外へ連れ出すことは止めましょう。

⒂ 車椅子以外の身体的な介助についての確認

車椅子を押すこと以外にも、トイレ誘導や、ベッドから起こす、ベッドから起こし車椅子に移す、車椅子からベッドに移す、食べる際の手伝い等はしないことが原則ですし、施設としても傾聴ボランティアにはさせないことが原則であると思いますが、念のため確認しましょう。というのは、これらは大変難しいことであり、適切な介護技術を持った職員が行う領域だからです。たとえ、利用者から依頼された場合でも厳禁です。このような場合には、速やかに施設職員を呼びましょう。

高齢者の食事の介助は、「誤嚥《ごえん》」などの問題もあり、素人が行うと大変危険です。また、ホームヘルパー等の資格を持った人でも、傾聴ボランティアとして施設に行っている間は、当該施設の事前の了解がない限り、原則として、こうした身体的なケアは厳禁です。ボランティアが行う場合と、職員が仕事として行う場合では、自ずから責任の所在が異なっているはずです。むしろ、ホームヘルパー等、介護の資格を持っている人ほど、安易に手を出してはいけないと心がけるべき問題です。

トイレ誘導についても、トイレ誘導が行えるようになれば一流だともいわれています。車椅子ではない方の場合でも、間に合うように（失禁しないように）トイレに誘導することは大変難しいことです。また、トイレに到着しても、その後の脱衣の手助けが必要ということもあります。基本的には、トイレ誘導は職員の仕事です。傾聴ボランティアとしてお話を聴いている最中に、利用者がトイレに行きたいと訴えた場合は速やかに職員を呼びましょう。

> 善意の行為が思わぬトラブルになる可能性もありますので、この点については十分に事前の確認と自戒が必要です。

⒃　事故時の責任の確認

何らかの事故が生じて、入居者（利用者）に怪我をさせてしまった場合の責任体制はどうなっているか確認しましょう。

⒄　ボランティア・ノートの確認

施設担当者と定期的に連絡を取り合うために連絡ノート（ボランティア・ノート）のようなも

のの設置が望まれますが、そのようなものがあるかどうか、また、なければ、新たに設置してもらえるかどうか、確認しましょう。利用者から聴いた話について、「守秘義務」があるとはいえ、一切施設に何も伝えないというのも現実的ではありません。お話を聴いた利用者の様子が身体的・精神的に深刻そうな場合にはむしろ報告義務があると考えられます。そうした場合には、速やかに、施設担当者に伝えましょう。

また、日々の活動については、聴いた内容について、もちろん逐一報告する必要はありませんが（守秘義務）、利用者のその日の体調や、気づいた点や変化の状況（例えば、前に比べてたくさん話が出るようになった、とか）や、自分のその日の感想等について、ボランティア・ノートに記入しておき、随時、施設担当者に見てもらうようにしておくのがよい方法です。こうしたノートが有効に活用されて、ボランティアと施設担当者の間でとてもよい情報交換・コミュニケーションになっているケースがたくさんあります。このようなケースでは、ボランティアが施設職員の機能をよい意味で補完しているといえます。

ボランティア・ノートは、自分の活動の記録として、後日振り返ってみることもでき、また、他の傾聴ボランティアがどのような形で活動しているのか知ることができる等、参考になることが大いにあります。是非、作成し利用しましょう。

⒅　定期的なミーティングの確認

施設担当者と、定期的に（月に1回、あるいは、2、3ヶ月に1回とか）情報交換や打ち合わせをする機会があるかどうか、確認しましょう。もちろん、あることが望ましいので、ない場合は、定期的な話し合いの場を設置することを提案してみられてはいかがでしょうか。

⒆　傾聴相手の事後の状況についての確認

お話を聴く相手が特定の方であれ、不特定の方であれ、傾聴ボランティア活動を通して、傾聴の相手に何らかの変化（改善）が見られるかどうか、そうしたことについて教えてもらえるかどうか、確認しましょう（教えてもらえるに越したことはありません）。改善が見られるなどの経過を知ることは、傾聴ボランティアを継続していく上で大いに励みになります。

⒇　交通費の確認

施設、特に有料老人ホームなどの場合には、往復の交通費実費を支払っていただけることもあります。活動を長続きさせるためにも、交通費のことは率直に確認しましょう。傾聴ボランティアの基本的な態度としては、「交通費をもらえなければ、やらない」ということではないはずですが、交通費が負担になるようであれば、できるだけ自分の居住地域に近い所に活動場所を確保することが必要になります。

傾聴ボランティア活動そのものは、原則として無償のボランティア活動！

B. 個人宅編

次のことを丁寧に、分かりやすく、傾聴の相手となる方に説明しましょう。あるいは、社協あるいはボランティアセンターの担当者とともに訪問し、確認をしましょう。

(1) 派遣元の説明

派遣元（高齢者福祉課、社会福祉協議会・ボランティアセンター等）から派遣されてきた「お話をお聴きするボランティア」である旨をキチンと説明しましょう。

(2) 訪問曜日・時間帯の確認

訪問する回数・曜日・時間帯について話し合って決めましょう。

(3) 休み等の連絡方法

止むを得ない休みや訪問日時の変更等の連絡方法を確認し合いましょう。

(4) 緊急時の連絡先の確認

何か緊急なこと、あるいは事故があった場合を想定して、緊急時の連絡先を確認しておきましょう。

(5) 守秘義務

当人宛に、お聴きした話については外部に漏れることはないこと、個人の秘密は守られること（守秘義務）について説明しましょう。

(6) 無償のボランティア活動

無償のボランティア活動であること、従って、茶菓の接待や贈答の品等は一切無用であることを伝えましょう。

(7) 車椅子による外出についての確認

原則として、傾聴ボランティアとしては、車椅子を押して外へ行くこと等はできないことについて説明しましょう。

(8) 生活機能の自立や認知症等の確認

家族がいる場合には、事前に、身辺自立かどうか、また認知症や持病等について確認しておきましょう。

(9) 「物盗られ」妄想等の訴え

物盗られ等の訴えが本人からあった場合、家族は、傾聴ボランティアを信用してもらえるのかどうか、家族と事前に話しておく必要があります。また、家族がいない場合には、事前に、物盗られ妄想等があるかどうか、派遣元に確認しておくと同時に、そうした訴えをされた場合の対処方法について事前に確認しておきましょう。

(10) 「個人宅訪問時の約束事」

個人宅訪問時には、①定まった日時に訪問する、②身体的な介護や介助は行わない、③訪問先

（利用者宅）の器物には一切手を触れない、④茶菓の接待は受けない、⑤物の授受は行わない、⑥政治や宗教の勧誘はしない、⑦商品の営業活動はしない、⑧何か事故があったときには速やかに所定の連絡先に連絡すると同時に人命救助を優先する、⑨見聞きしたことについてはみだりに他者に漏らさない（守秘義務の遵守）、⑩心身の著しい不具合等に気がついた場合は、派遣元担当者に速やかに連絡すると同時に活動報告にそのことをキチンと記入し報告する、⑪活動報告書を必ず提出する、などといった「個人宅訪問時の約束事」を予め定め、それに、傾聴ボランティアはサインしておくといったことが大事になります。この「約束事」にサインすることは、物盗られ妄想によるトラブルの際などにも、「自分は盗っていない」ことを証明する強力な助けとなります。ボランティア活動するのに何故このような「約束事」にサインまでする必要があるのかと思われるかもしれませんが、大事なことは、「どのようにしたら、難しい個人宅訪問を実現できるか」と前向きに考えることです。

⑧ 傾聴ボランティアってなあに？　改めて考えてみましょう

傾聴ボランティアも様々なボランティア活動の中の一つです。

傾聴ボランティアとは何か、ボランティアとは何か、ここでもう一度しっかりと見詰めてみたいと思います。

◎ボランティアとは?

自分のできる範囲で活動するのがボランティアであると、よく言われます。そのとおりだと思います。

しかし、「毎週、何曜日の何時に行く」と相手と（あるいは施設と）約束をした場合には、それは一種の社会的な「契約」です。

傾聴ボランティアも、こうした「社会的な契約」を守ることが求められるボランティア活動の一つです。

ボランティアに求められていることについて基本的な事柄をもう一度整理してみたいと思います。

(1) 約束は守る

傾聴ボランティアとして訪問する曜日・時刻について、一旦、相手と約束した以上は、みだりに中止してはなりません。どうしても止むを得ず、ボランティア活動に行けない場合には、事前に相手先に連絡をしましょう。あるいは仲間に連絡して代わりに行ってもらうといったことが必要になります。突発的な用事や自分自身の体調不良等に備えて、施設での活動の場合など、グループを作り活動すると、こうした事態に対し適切な対応が可能になります。ボランティア全体に対する信用を失墜させないためにも、キチンと大人としての対応をしましょう。

一旦約束したことを守るという「契約」の概念は、ボランティアにとって非常に重要な概念です。また、しょっちゅう休むのも考えものです。「できることをやる」という概念を取り違えないようにしましょう。「できることをやる」とは「できることを精一杯やる」ということであって、決して、いい加減にやっていいという意味ではありません。ボランティア活動を始める前にこのことをしっかり考え、自分で納得が行ってから、始めましょう。いい加減なボランティア活動は、相手にとって「迷惑」ともなります。

一旦約束した以上、利用者はあなたの訪問を、楽しみにして（例えば1週間ずっと）待っていることを認識しましょう。そういう意味で、ボランティアには責任があります。

(2) 施設の方針を守り、指示に従う

傾聴ボランティア活動開始前に、施設の方針やルールをキチンと説明してもらい、それに従うことが肝要です。また、こうした説明を受ける場を、ボランティアとしても積極的に模索する必要があります。施設の方針に沿って、協調しながら、ボランティア活動ができることが望ましいことです。

しかし、どうしても、施設の方針について自分として納得が行かない場合には、率直に施設に

尋ねてみましょう。誤解ということもありますし、また、ボランティアのことを気づかうが故に、施設側がそのような対応をしているということもあり得ます。どうしても納得が行かない場合には、その施設とあなたとは考え方が合わないということですから、無理をする必要はありません。そうした場合には他の施設を探すのも一つの方法でしょう。

(3) 自分一人がケアをしているのではない

傾聴ボランティア一人だけが、相手の方のケアに関わっているのではありません。このことを、ボランティアは往々にして忘れがちです。

利用者の生活の大部分は、むしろ、傾聴ボランティア以外の人によってケアされているという事実を冷静に認識する必要があります。傾聴ボランティア活動をすることによって、相手を過剰に興奮させるようなことは慎むべきであり、興奮した場合にはクールダウンしてその日の傾聴を終えるくらいの配慮が必要です。また、利用者の悲痛な話を聴くあまり、この方を支えられるのは自分だけだといった錯覚に陥らないようにすることも大事です。

(4) 挨拶は明るく元気よく

施設を訪問するとき、帰るときは、明るく大きな声で、入居者の皆さんや施設職員の皆さんに挨拶しましょう。挨拶は、人間関係の基本です。挨拶の大事さを伝えるというのも、もしかすると、中高年世代から次世代に対する世代間交流の一部かもしれません。「挨拶のできない若者」

ならぬ「挨拶のできない中高年」といわれるのは避けたいものです。

(5) 独りよがりにならずに義務を果たそう

ボランティア・ノートやその他、ボランティア活動上定められた記録簿等がある場合には、面倒臭がらずに、毎回、キチンと記入しましょう。こうした記録の積み重ねは、施設にとってはもちろん、ボランティア活動するあなたにとっても貴重な記録となるはずです。

(6) 我流にならない

ボランティア活動の中でも傾聴ボランティア活動はスーパービジョンを受けるほうが望ましい活動の一つです。自分の対応の仕方がよかったかどうか日常的に点検する必要があります。協会あるいは専門家によるスーパービジョンを受ける機会があったら是非受けましょう。スーパービジョンを受ける機会がない場合は、傾聴ボランティア同士で話し合うことがとても有効です。仲間の話を聴くことによって気づくことがたくさんあります。こうした仲間同士の支え合いをピア・カウンセリングまたはピア・サポートと言います。また、仲間との会合や話し合いはストレスの軽減・解消の場としても役立ちます。最初は恐る恐る始めた活動も、いつの間にか慣れるにしたがって独りよがりの我流の活動に陥っている危険性もあります。常にそうした自戒を持ちましょう。

※スーパービジョンを受けるとは、「具体的な事例に沿って、協会あるいは専門家から個別

に面談技法の指導を受ける」ことを言います。

（7）人生の幅をできるだけ広く

傾聴ボランティアは様々な人に出会い、様々な話を聴きます。想像したこともないような人生流転のお話を聴く場合もあります。それらを受け入れて聴くためには、自分に受けとめるだけの器量があることが望ましいのは論を待ちません。好奇心旺盛に、いろいろなことにチャレンジしながら、直接的・間接的な体験の幅を広げる努力をしましょう。それは、何も傾聴ボランティア活動のためだけということではなく、あなた自身の人生を豊かにすることでもあります。

⑨ ボランティア活動は誰のため？

ボランティア活動は何のためにするのでしょうか。

傾聴ボランティアは何のために人の話を「傾聴」するのでしょうか。

「お話を聴くことを通して、少しでも他者のお役に立つのであれば、是非そのようにしたい」というのは、傾聴ボランティア活動を目指す人たちが異口同音に言うことです。その心根は大変貴重であり、かつこの世知辛い世の中で大変大切なことでもあります。しかし、そうすると、やはり、傾聴ボランティア活動とは「他者のため」にすることなのでしょうか。また、誰かのためにしてやる行為なのでしょうか。……いえ、自分自身のためにやることではないでしょうか。

「傾聴という行為を通して他者のために役に立ちたい」ということは、「自分自身の思い・信念」であり、人はこの自分の信じるところを実現するために汗を流すのではないでしょうか。そうすることが嬉しい、そうすることによって味わえる達成感や充実感が心地よいということが原点であり、自分自身の出発点であるはずです。自分の信じることを実行することが他者の役に立つ、あるいは役に立つと評価されるとしたら、それは、自分の喜びでもあるはずです。もちろん、人から評価され、褒められることだけを目標にした活動であれば、それはすぐに見抜かれてしまいます。こうした活動をボランティアで行うことによって自己実現の喜びを感じることができるという思いを、素直に、大事にするということが大切です。

しかし、傾聴ボランティアとは、相手の心に関わる活動です。相手の存在とその心の在りように敬意を払いながら関わっていくことが基本です。その際に、相手の存在は、自分自身の傾聴ボランティア活動のための単なる材料や手段であっていいはずがありません。傾聴とはよりよい人間関係を築くための一つの手法にすぎません。傾聴活動のために相手が存在するのではなく、相手とのよりよい関係形成のための手段として傾聴があります。私たち傾聴ボランティアは、その手段の使い手にすぎません。傾聴ボランティア活動をする私たちは、「傾聴」という行為を通して他者とのよりよい関係を構築する努力自体が、自らの人格の向上、人間的な成長に寄与すると信じる者たちのはずです。私たちの活動は、こうしたボランティア活動の実践を通して、より豊かな人生を生きることです。

傾聴ボランティア活動は相手の方に関わる活動であること、また、その相手の方にとって役に立つ活動でなければ意味がないという認識は不可欠です。

2 地域における傾聴ボランティア活動の展開の仕方

~傾聴ボランティアの今後の広がりと展開を目指して~

（特に行政及び社協担当者の参考のために）

傾聴ボランティア活動が地域に定着し、拡大的に普及していくためには、やはり「地域ぐるみ」の活動になることが望ましいのは、どなたも異論がないでしょう。

それでは「地域ぐるみの活動」とはどういうことを言うのでしょうか。

それは、あなたたちの行う傾聴ボランティア活動が、あなたの地域に居住する対象者（例えば、高齢者）を、地域の住民であるあなたたちがケアをするという形態の活動になるということではないでしょうか。

傾聴ボランティア活動は、もちろん、個人的な活動として自分一人で行うこともできます。しかし、自分一人だけで行う活動には限界があります。先ず対応できる人数が限定されてしまいます。一人で継続的に活動をしようと思うと、せいぜい数名を対象にすることが精一杯でしょう。数名の方々を対象に、その方々の話を傾聴するということも、もちろん十分すぎるほど意味があります。

しかし、同じように話を聴いて欲しいと望んでいる人々が地域にはまだまだたくさんいるということも事実です。こうした方々のことはどうしたらよいのでしょうか。たまたまあなたとご縁がなかったことがその方々の不幸なのでしょうか。

あなたが話を聴いて差し上げることが、話を聴いて欲しいと願っているその方々（高齢者等）にとって、また、あなた自身にとって、有意義で意味のあることだとすると、そのことをいかにして地域に広げていくかということが必然的に課題になってくると思います。

こうした傾聴ボランティア活動が社会的に意味のある活動であるならば、それを広げていくことについて、是非あなたにも協力していただきたいと思います。活動のレベルを、個人の活動から地域の活動へと引き上げていただきたいと思います。

それでは、傾聴ボランティア活動を地域の活動として展開していく場合には、どのようなことが必要になってくるか、少し詳しく見てみましょう。

① 地域における傾聴ボランティア活動展開の理想形

例えば、自治体の高齢者福祉担当課が、費用負担をして、傾聴ボランティア養成講座を開催する。講座主催は、社会福祉協議会（以下社協といいます）・ボランティアセンター等でも構いません。

⑴　養成講座修了生は、活動のための核として、傾聴ボランティア活動グループを結成します。

(2) 傾聴ボランティア活動展開のためには、高齢者福祉担当課、社協・ボランティアセンター・地域包括支援センター、民生委員、保健所、地域の各種高齢者施設等、地域において高齢者福祉に関わっているそれぞれの部署が連携協力する仕組みを作ります。

(3) 傾聴ボランティア活動は、基本的に、派遣要請を受けて、活動します。
(例えば) 社協・ボランティアセンターに傾聴ボランティア派遣担当者を設ける必要があります。そして傾聴ボランティアを希望する施設や個人の要望を受け付け、その情報を公開すると同時に、傾聴ボランティア活動グループは派遣依頼に対応できる人選を行い、派遣します。

(4) 傾聴ボランティアの派遣を要望した施設では、傾聴ボランティア導入による利用者への効果や経過を記録するものとし、また、個人宅の場合には、地域包括支援センターのスタッフや地域保健事業に携わる保健師やケアマネジャーが定期的に調査訪問を行い、状況の確認と経過について記録を作成するものとします。こうした記録は、傾聴ボランティア活動の効果を実証的に検証するために必要です。

(5) 傾聴ボランティア活動上の各種の困りごとや不安・疑問については、社協・ボランティアセンターの傾聴ボランティア担当者、地域包括支援センターの担当者、あるいは高齢者福祉担当課や地域保健事業に携わる担当者が、迅速に受け止める仕組みを構築することが必要です。

(6)傾聴ボランティア地域活動グループが、常に集まることのできるスペースを社協・ボランティアセンター、あるいは公的な場所に確保します。

(7)地域活動グループは、定期的に（例えば月に1回とか）会合を開き、活動に関する情報交換を行うと同時に、活動の仕方や、話し手への対応の仕方等について、仲間同士で話し合う場を設けます。こうした場が、ピア・カウンセリングあるいはピア・サポートの場としてとても大切です。

(8)「事例検討会」（あるいは「ケースカンファレンス」）を定期的に開催し、傾聴ボランティア自身のストレス解消と日常的なスキルアップを目指します。「事例検討会」では、協会あるいはカウンセリングの専門家からスーパービジョンを受けます。「事例検討会」は最低2ヶ月に1回開催、できれば1ヶ月に1回開催が望ましいところです。「事例検討会」開催には場所が必要であり、また、協会や専門家に対する謝金も必要となりますので、これについても行政で予算措置が必要です。

※現状では、傾聴ボランティア活動の効果（話を聴いてもらう側及び傾聴ボランティアの側、双方に対する効果）について、実証的なデータが必ずしも十分ではないので、行政による傾聴ボランティア活動導入の際には「介護予防」及び「（傾聴ボランティアをする高齢者の）生きがい活動支援」のための壮大な実験という位置付けを免れな

い面もあります。

しかし、この点に関しては、やりながら実績を積み重ねて行く方式が現実的ではないでしょうか。厳密な意味での双方（利用者及び傾聴ボランティア）のＱＯＬや主観的な健康観や幸福感の向上に関するデータはまだ十分には得られていない状況ですが、利用者が明るくなった、言葉がたくさん出るようになった、精神的に安定してきた、あるいは、傾聴ボランティアの側では、生きがいを感じる、人のためになっている有用感を感じる、社会貢献の充足感を感じるといった証言は相次いでいますので、事業として開始するに値する状況は十二分にあると思われます。あとは、福祉担当の部署のご判断次第ということになろうかと思われます。

※地域において、「高齢者のための傾聴ボランティア活動」を定着させる場合、そのボランティア活動の担い手となるのは、多くの場合、中高年者です。その殆どは、カウンセリングの勉強をするのも初めてであり、また、ボランティア活動をするのも初めてという人たちです。こうした人々を、ボランティア活動の中に巻き込み、よい形で活動をしてもらうためには、やはり活動の仕組み作りやバックアップは、行政あるいは社協等のそれに準じる機関で行うのが望ましいと思われます。

実際、「現在自分たちが持っている力と時間の余裕を何か社会のために役立てたいという意識を明確に持っているが、不慣れなためボランティア活動の始め方がよく分からない」という中高齢者の方がたくさんいます。ボランティアとは、本来、自主的・主体的に動き、自分たちで動きそのものを作っていく活動ですが、欧米などと違い、ボランティア活動の歴史や土壌が異なる日本では、行政がその器を作り支援するということはある意味止むを得ないことではないかと思われます。

※しかも、傾聴ボランティア活動は、アメリカ型の治療や改善を目的とした個別的なカウンセリングを目指すものではなく、どちらかというと、「話したくても話せない（話す機会がない）」人々を対象に「お話を聴く」活動であり、また、進行する高齢社会の中で、高齢者の心のケアを同世代の高齢者自らが行うという、いわば相互支援活動であり、高齢社会における高齢者福祉政策に沿うものであることを合わせ考えますと、仕組み自体は官製でも特段矛盾は生じないのではないかと思われます。

② 傾聴ボランティア活動の地域展開上の課題

前述のような「傾聴ボランティア活動の理想形」を作り上げるには、幾つか課題もあります。

【課題】

(1) 傾聴ボランティア養成講座を指導する協会講師等の指導者（専門家）の確保

傾聴ボランティア活動の意義と期待される効果について、地域の皆さんに理解してもらうためには指導者をいかにして確保するかが課題です。ここでいう指導者とは、カウンセリングの基礎的な指導ができる者のことをいいますが、単に教室やセミナー等でカウンセリングを指導することができるというだけではなく、こうした活動に対し理解と共感と情熱を合わせ持つ者でなければなりません。また、カウンセリングの基礎知識を持ち合わせていない、素人の中高年傾聴ボランティア志望者を教育することは、通常とはまた違った指導能力が問われます。傾聴のできるボランティアとして社会に送り出す際に、モチベーションを高め、実際に足を一歩前に踏み出す後押しをすることに対しても、主催者とともに責任を分かち合える指導者が望ましいのは当然です。

さらに、指導者として期待される資質として、ボランティア活動の喜びをともに分かち合える気分を持った指導者が望ましいのはもちろんですが、指導者自身が、こうしたボランティア活動の展開に意欲的に取り組む姿勢を持つ者であることが望ましく、また、研修会の指導を依頼されたという理由だけでそれに関わるのではなく、活動の展開及び何か困りごとがあった際には気軽に（ボランティア的に）相談に乗るという関与の仕方も求められます。

※指導者は次のことについて理解と賛同を持っていることが望まれます。

●傾聴ボランティア活動とは、精神的な問題の治癒や改善のみを目的としたカウンセラーとしての活動ではなく、傾聴の技能を活かしたピア・サポート活動であること。

●場合によっては傾聴するだけではなく、情緒的一体感をも共有し、相手と、ともに有意義で楽しい時間を過ごす活動であること。

●進展する高齢社会の中では、相互扶助活動として必要、かつ有益な活動であるとの理解と認識。

傾聴ボランティア活動のこうした社会的な運動の側面に対して理解を持ち得ず、カウンセリング技法のみの指導では不十分であると思われます。

※協会としては、講座開催に関して、要請に応じて、全国各地へ出向いて行き指導を行っています。傾聴についてのスキルのみではなく、傾聴することの意味や意義あるいは相互支援活動の喜び等をお伝えすることが大事だと考えているからです。

(2)　傾聴ボランティアのケア体制の構築

■前述の如く、「事例検討会」の場で傾聴ボランティアを指導（スーパービジョン）するためには、それに関わる専門家の確保が必須です。前述(1)の養成講座の指導をする専門家に依頼するパターンになる可能性大ですが、「事例検討会」は定期的に開催するものであり常時、専門家の協力を十分に確保できるかどうか、やはり課題があります。また、「事例検討会」の前段階として、傾聴ボランティアのケアに関し高齢者福祉担当者（高齢者福祉課、社協・ボランティアセンター、地域包括支援センター、地域保健事業担当者等々）への指導も必要になります。「事例検討会」に関わっていただく専門家には定期的に関わっていただく必要があり、いきおいボランティア的な関わりをしてくれる人でなければ現実的には対応が難しいということになってしまいます。このような専門家をそれぞれの地域で確保することが大切です。

※実際問題としては、定期的に協会に依頼をしていただくのが現実的です。

■地域におけるスーパーバイザーの育成

協会や専門家に指導を受ける「事例検討会」は定期的に開催することが望ましいのですが、「事例検討会」を開催する前の段階として、また、日々の活動に沿ったところで日常的に指導を受けるためには、傾聴ボランティアの中に指導的な立場の人間がいることが望ましいと考えられます。そうした意味で、傾聴ボランティアの中からスーパーバイザー的な人材を育成することができれば好都合です。

※とはいえ、前述のように、傾聴ボランティア活動では、日常活動的には、常に深刻な「カウンセリング活動」を行っているわけではなく、活動の主流は「楽しいお話し相手」活動であり、また「情緒的一体感の共有」の活動ですので、対人支援の基礎的な知識と傾聴ボランティア活動の経験とを持ち合わせていれば、活動上の大方のケースには対応可能なはずです。深刻なケ

ース、あるいは対応に悩むケースについて、「事例検討会」等の中で、相談と指導を受けることのできる体制が整っていれば、傾聴ボランティア活動を進展させていくことには問題はないと思われます。

(3) 心のケアにボランティアが関わってはいけないか

傾聴ボランティア活動のような活動は「人の心に関わる活動」であるが故に、軽々に素人やボランティアが関与してはいけないという指摘が一部の専門家の中にあるようです。しかし、ある人に誰も関わっていないケースと関わっているケースを比較した場合、どちらが望ましいのか、自明ではないでしょうか。誰かが関わっていれば、事態が深刻になる前に適切な対応を考える余地も生まれてきます。前述の専門家からの指摘は、「不適切な関わりが状況をより悪化させる可能性がある」ということだと思われますが、より悪化させないためには、「指摘のような不適切な介入をしないこと」、また、「深刻と思われるケースについては専門家につなげていく」というようなことを、研修の場でしっかりと学ぶしかありません(実際、研修ではこうした指導をしています)。人の心に関わるという活動の性格からして、傾聴ボランティアの言動は慎重かつ注意深いものでなければならないのは当然ですが、そうした不安を憂うるあまりに、その活動が持つ大きなプラスの面に目を閉じて、活動そのものを否定してしまうとすれば、それは本末転倒のそしりを免れないのではないでしょうか。

(4)　深刻なケースの見極めと専門家との連係

うつ症状等、その方の状況が思わしくない場合には、精神科医等の専門家につなげていくという配慮が必要になります。しかし、実際には、どの程度の「うつ」なのか、専門家ではない傾聴ボランティアにとっては、その見極めは難しいことです。傾聴ボランティアとしては、その方の食欲がない等、体調不良の状態に注目し、状態がひどいようであれば医師に診てもらうことを本人に勧める、あるいは専門家につなげるといったことが必要となります。

こうした場合、施設での傾聴の場合は、施設担当者に相談すればよいのですが、個人宅等の場合は、どうするかが問題になります。社協・ボランティアセンターから派遣されている傾聴ボランティアの場合には、問題を、担当者経由で専門家（保健師、医師等）につなげていくことができるので、安心です。

個人的に傾聴ボランティア活動を行っている場合には、本人の了承を取った上で、地域の民生委員あるいは自治体の高齢者福祉担当課や保健所等に連絡・相談することが望ましいと思われます。しかし、こうした連絡・相談をすることは、手間もかかり面倒なことになりがちですし、問題を自分で抱えることにもなってしまいますので、社協・ボランティアセンター、高齢者福祉担当課等の公的・準公的な機関から派遣される形で傾聴ボランティア活動をする方が、適切で迅速な対応ができるという意味でも望ましいと思われます。

また、「うつ」状態のときに、「頑張れ」と励ましてはならないことは既述のとおりですが、実際の面談（傾聴）の現場では「頑張れ」と励まさないことも、また「頑張れ」と言わずに励ますことも難しいものです。留意すべきポイントは、「励まし過ぎない」ということですが、「一緒に頑張ろう」という言い方は構わないとされています。誰かが自分とともにいてくれる、自分の存在に配慮をしてくれているということは、相手にとって励みとなります。

※傾聴ボランティアをする際に、公的・準公的な機関から派遣されることが望ましいとはいえ、このことは、例えば、近所の高齢者のお話し相手として、いわばお茶飲み相手的に傾聴ボランティアをしようというようなことを阻害するものではありません。近隣の中で、こうしたいわば自然な形でのお話し相手関係ができることは、高齢者の閉じこもり予防や、近隣関係の復活、地域の活性化という観点からも、むしろ望ましいことです。何かあったときに、地域の民生委員等に話がつなげられるという程度のことを事前に（あるいはやりながら）確認しておけば大丈夫ではないでしょうか。

(5) スキルアップ体制を構築するためには

傾聴ボランティア活動が独善と我流に陥らないように、仲間との定期的な話し合いや「事例検討会」が必要であることは前述のとおりですが、その他、最低でも年に1回（10時間程度）のスキルアップ研修は必要です。現実の事例に沿って、ロールプレイ等を行い、傾聴技能について再点検することが望まれます。

第６章

傾聴ボランティア活動時に よくある事例に答えるＱ＆Ａ

傾聴ボランティア活動時によくある事例についてご紹介します。

傾聴ボランティア活動は、大きく分けて、個人宅を訪問しての活動と各種の高齢者施設等を訪問しての活動と、二つに分けることができます。それぞれに活動の難しさや楽しさがありますが、ここでは、よくある事例、多くの皆さんが疑問を持つ事例について、傾聴ボランティアとして、基本的にどんなふうに考え、どんな対応をすればよいのかを考えてみたいと思います。

①個人宅訪問時によくある事例

Q1 家族の悪口が始まった……

家族の悪口が始まった場合にはどうしたらよいのでしょうか？　黙って聴いていればよいのでしょうか？　それとも、そういうお話はやめてくださいと言って、聴かないようにしたほうがいいのでしょうか？

A1（ホールファミリーケア協会の考え）

相手が悪口を言いだした場合、傾聴の際には、黙って聴きます。「なるほど、そ〜ですか」などと相づちを打ちながら聴きます。ときにはうなずきながら聴いたりもしますが、大切なことは、相手の話を否定しないことです。ただし、同調もしません。例えば、相手の高齢者の方が、同居のお嫁さんの悪口を話しているときに、「それはひどいですね～」などと同調しないことが肝要です。話している相手の高齢者は、当然ながら、同調してほしいと思って、悪口を言い募っています。しかし、この際、どんなに聞き辛い悪口であっても、あるいは、そんなことはないのではないかと思えるようなことであっても、傾聴の際には、否定したり、同調したりしないで、お話を「受容的」「共感的」に聴きます。「受容的に聴く」とは、「な～るほど、そういうことがあったのですか～」「そうですか、そんなふうに感じていらっしゃるんですね……」と受けとめて聴きます。「共感的に聴く」とは、相手の立場だったら、どんなふうな気持ちだろうかなどと思いを致しながら聴くことです。受けとめるということは、相手のいうことに賛成したり、是と認めたりすることではありません。その人は、そのように感じ、そのように思っているのだな～、だから、こんなふうに言いたいんだな～と、素直に受けとめることです。もちろん、反論したりもしません。

悪口を言い募っているときは、話し手は気持ちが高ぶっていることが多いかと思いますが、悪口は吐き出してしまえば、多くの場合、すっきりし、また、気持ちも落ち着くものです。大事なことは、例え悪口であっても、相手の言っていることを否定せずに、その思いの丈を吐き出してもらうことです。

また、例え、傾聴ボランティアの側が、悪口を言われている当のお嫁さんのことを知っていたとしても、相手が悪口を言っている途中で、「あなたはそうおっしゃいますけれど……、私もお嫁さんのことを存じ上げていますけれど、そんなにひどい人じゃないじゃないですか」などと口を挟まないことです。これは、ある意味では、火に油となりかねません。お嫁さんがいい人であるかどうかについては、話し手が話し終わるまで待つのが肝心です。人は、一気に悪口を言った結果、言い過ぎたと思った場合には、修復にかかります。つまり、「いや〜、実は、嫁にも、こんなふうないいところもあってね……」という言葉が、話し手本人の口から出るのを待つのが肝要です。

人は、言い過ぎたと思った場合には、修復の努力をします。そして、「こんなふうなよいところがあってね」という言葉が、すなわち、話し手本人の気づきとなります。こうした気づきは、思いの丈を十分に吐き出すことができないうちには生まれません。また、こうした気づきが生まれることによって、お互いの関係（話し手である高齢者とそのお嫁さん）が、初めて健全化されるのだと思います。こうした気づきは、傾聴ボランティアの側が、話の途中で、押し付ける形で言ったとしても、生まれないどころか、かえって、拒否の姿勢を強固なものにしてしまいかねません。

どんな悪口であっても、「そんなふうな受けとめ方、考え方があるんだ〜」と、受けとめることが大切です。

Q2　物を盗んだと言われたら……

個人宅を訪問して活動する場合には、何か物を盗んだと言われもない嫌疑を掛けられることがあるのではないかと心配です。そうした心配があるが故に、なかなか足が踏み出せないでいます。ましてや、相手の方が認知症の場合には、傾聴ボランティアが盗ったと思い込んだら、何を言っても聞き入れてくれないのではないかと、余計心配になります。どうしたらいいでしょうか？

A2（協会の考え）

ご心配はごもっともだと思います。誰でも、濡れ衣を着せられたとしたら不快ですし、また、迷惑の限りだと思います。それでは、そういう事態があるかもしれないと恐れるあまり、個人宅を訪問しての傾聴ボランティア活動は一切なしということにするのかというと、それはまた、そういうことではないはずです。こうした事態が起こるかもしれないことを事前に想定して、どのような体制と構えで臨めばよいかということが問われているのだと思います。また、こうしたことに備えながら、いかによかれと思うこと（傾聴ボランティア活動）を実行できるかということが大人の知恵だと思います。傾聴ボランティアは、利用者さんの家の器物には一切手を触れないということを明確にしておくこともひとつの方法だと思います。第5章の「傾聴ボランティアの始め方」の中で説明していますが、自分自身を守り、また、トラブルを余計に深刻化させないためにも、「個人宅訪問時のお約束事」に、「守る」旨の記名捺印をしておくことも大事なことだと思います。従って、そうしたトラブルが生じ、傾聴ボランティア一人の努力では収まりそうにない場合には、「傾聴ボランティアは盗っていない」ことを前提に、解決のために、関係者に速やかに介入してもらう仕組みが大事です。

また、こうした物盗られ妄想のような事態は、しょっちゅう起こることではありませんし、利用者がこうしたことを言い立てるということも、突然起こることは稀です。利用者に物盗られ妄想があるかどうか、通常は、傾聴ボランティアはそのことを知った上で訪問します。つまり、個人宅訪問の場合には、担当の社協職員なり、地域包括支援センターの保健師なり、ケアマネジャーなりが、事前にその人の状況をアセスメント（調査）した上で、傾聴ボランティアの派遣へとつなげていくことが望ましい方法です。

②施設訪問時によくある事例

Q1　話し掛けても、応えてくれない……

「こんにちは、お元気ですか？」と話し掛けても、こちらの言ったことが耳に入ったのか入らなかったのか、何にも応えてくれません。こんなとき、どうしたらいいのでしょうか？

A1（協会の考え）

施設に行って、傾聴ボランティア活動をする傾聴ボランティアは、すでに「さあ、お話を聴くぞ〜」という「傾聴モード」に入っていますが、相手の方は、特段、話をしようと思って、傾聴ボランティアの来訪を待ち構えているわけではありません。ここに、傾聴ボランティアの側と相手の方との間に温度差があります。このように温度差があるということを、最初に認識しておくことが大事だと思います。また、「話し掛けても、応えてくれない」ということについては、ご自分のことを想像していただければ、おわかりになるかと思いますが、知らない人が突然現れて、「さあ、お話、聴かせてください」、「さあ、お話、しましょう」などと話し掛けてきたら、どんな感じがするでしょうか。何だろうと訝ったり、警戒心を抱いたりするのが普通ではないでしょうか。

善意のボランティア活動をしているのだから、それに応えてくれるのは当たり前だという思いが、私たちのどこかに潜んでいないでしょうか。人との関わりの際には、特に初めての人に接する場合には、丁寧に、かつ、謙虚に関わりを持つ努力をしたいものです。

Q2「話すことなんかない！」と言われてしまった……

「傾聴ボランティアです。お話を聴かせてください」と言ったら、「話すことなんかない、あっち行け」と言われてしまいました。こんな場合、どうしたらいいんでしょう？

A2（協会の考え）

これは、Q1と似ていますね。初めて会った方に対して、いきなり「傾聴ボランティアです。お話を聴かせてください」と言っても、多くの方は、「この人は、なんだろう？」と思ったり、「何で、見も知らない者に向かって、話などしなければならないのか」と、驚いたり、怒ったりするのではないでしょうか。相手の方が怒ったとしても、それは特段不思議なことではなく、ある意味では、普通のことなのではないでしょうか。傾聴ボランティアの側で、「私は、お話を聴くことを学んできたのだから」と言って、お話を聴かせてもらうこと自体を当たり前のことだと思うとしたら、それは、傾聴ボランティアの側の一方的な思いにすぎません。確かに、私たちは、お話を聴かせてもらうことによって、相手の方に元気になっていただくことを目指すものですが、「お話を聴かせていただいて、元気になっていただく」ことを、強制したり、押し付けたりしてはいけません。そのような強制や押し付けの中からは、「元気」は生まれてきません。それは、あくまでも、相手とよい関係を構築した上で、そこはかとなく生まれ出てくるものです。

そもそも、相手の方にお声掛けする際に、「傾聴ボランティア」と言わないようにしていただきたいのが望ましいと思っています。傾聴ボランティアの養成講座で、せっかく学んだのですから自分のことを「傾聴ボランティア」と称したいお気持ちはよくわかりますが、「傾聴ボランティア」と言ってもご理解いただけない方々に対して、そのような名称を使うということは少し控えたほうがよいと思います。「傾聴ボランティアだから、さあ、お話を聴かせてください」と迫っても、それは、多くの場合、逆効果にしかなりません。そうではなく、「私、お話し相手ボランティアの○○と言いますが、今日は、皆さんと楽しくお喋りでもできたらいいなあと思っておうかがいしたんですが、ちょっと、お邪魔させていただいてもよろしいでしょうか？」などと、柔らかくお声掛けしてみてはどうでしょうか。そうすると、「いいよ」と言っていただけるかもしれません。そのように言っていただけたとしたら、それは、もう、最初の関門はパスということではないでしょうか。「傾聴」は、人との関わり技法です。従って、傾聴ボランティアとは、人との関わりを上手に作れる人のことです。拒まれずに、受け入れていただくような関わりをどのようにして作ることができるか、それが問われています。

しかし、丁寧に関わりを持とうと努力したにもかかわらず、たまには、「オレに構うな、あっち行け！」と言われる場合があるかもしれません。こうした場合は、「ああ、断られてしまった……私は、傾聴ボランティアに向いていないのでは……」などと落ち込まないようにしましょう。たまたま、その方の虫の居所が悪かったのかもしれませんし、話をしようという気分ではなかったのかもしれません。そうした際には、あまり無理強いせずに、「ああ、今日はお話をしようなどという気分ではいらっしゃらないのですね……」などと言いながら一旦引き下がるというのもひとつの対応方法です。その際、大事なことは、「また後で（あるいは、また、来週）、来ますので、そのときはよろしくお願いしますね」などと、次回はぜひ一緒にお話をしましょうというメッセージを伝えておくことが大事です。このような対応を何回かするうちに、どんなに拒否感の強い人であっても、ある日、「なんだ、オマエ、また来たのか」と言いながら受け入れてくださるということも、実際にあることです。人と話などしたくないと思っている人は、基本的にはいないのだと思います。拒否感のある人であっても、「自分を受け入れながら、話を聴いてくれるのなら……」という願望は持っていらっしゃるのではと思いながら関わることが大事なのではないでしょうか。

Q3　特段話をしたそうでもない……

その方に話し掛けても、話が弾みません。こちらが質問したことについては、一言二言短く答えてはくれますが、その先の話が続きません。下を向いたままで、こちらと顔を合わせることもありません。話をしたくない人に無理矢理話し掛けているような味気なさを感じると同時に、無理して話をしてもらって申し訳ないような気もします。こちらから話し掛けないと、沈黙の場になってしまいます。次に何を質問すればよいか、一生懸命考えながら質問をしていますので、なにか、こちらも疲れてしまいます。こんな場合、「もう、今日は止めます！」と言って、その場から立ち去りたい気分にもなります。こんなとき、どうしたらいいんでしょうか？

A3（協会の考え）

何か、取調官と取り調べられる人といった感じがしますね。傾聴ボランティアは取調官ではありません。身元調査のように、矢継ぎ早に質問を繰り返していくものでもありません。この傾聴ボランティアさんは、何をしたいのでしょうか？　相手の方と、お互い打てば響くような会話をしたいと望んでいるのでしょうか。傾聴ボランティアは、相手に寄り添いながら、その方のお話を聴くことです。そして、相手の方は、十人十色、百人百様です。立て板に水のようにたくさん喋る方もいれば、沈黙を挟みながらとつとつとしか話さない方もいます。その方の状況、気分等に合わせ、無理のない雰囲気の中で、ゆったりとした時間が持てたらいいな、と思っていただくとよいのではないでしょうか。

相手の方は、特段何かを話したい気分にはなっていないのではないでしょうか。あるいは、初対面でないとしても、まだ、傾聴ボランティアに十分慣れていないのではないでしょうか。会話を楽しむという気になっていない方に対して、いくら話し掛けても、上手くいかないかもしれません。「会話」のみを楽しむのではなく、その人と一緒にいることを楽しむような、そんな雰囲気作りが必要だと思います。相手の方があまり言葉を返してくれないときには、傾聴ボランティアの側で何かポツリと独白的に言ってみるということも、ときには効果があります。それに乗ってきてくれればしめたものですし、乗ってきてくれない場合でも、その言葉は伝わっていると考えていいと思います。ともかくも、傾聴ボランティアとしては、切れ目のない会話を目指すのではなく、断片的な言葉であっても、何か心が通じ合うような関係を目指すことが望ましいと思います。

また、このように、寡黙な方を相手にする場合には、相手のことをほめることが大事です。その方の醸し出す雰囲気なり、お召し物なり、何でも結構ですから、自分が感じたことを口に出してほめてみるということが大事です。ほめられてイヤな感じのする人は滅多にいません。そこから、心が開き、会話がつながっていくこともよくあります。こんなふうに関係を作っていくことが大事なのではないでしょうか。

ご質問の限りでは、「この人、苦手だな～」と思いながら、一生懸命努力して会話を続けようとしている傾聴ボランティアさんの困惑と戸惑いが見えるようです。そして、こうした困惑や戸惑いは、相手にも伝わります。相手も、また、「何でこの人は、こんなに無理しながら、私に話し掛けてくるのだろう?」と思っているのかもしれません。傾聴ボランティア活動は、無理矢理やらなければならない活動ではありません。お互いのいい関係の模索、それが活動の真髄です。もう少し、リラックスして、相手の方に関わるとよいのではないでしょうか。きっと、そのほうが、よい傾聴ボランティア活動になると思います。

Q4　認知症なのかどうか、よくわからない……

最初は普通で何でもないと思って、相手の方と話をしていましたが、話があるところまで来ると、また、元のところに戻ってしまいます。そして、同じ話が繰り返されます。そして、あるところまで来ると、また、元のところに戻ってしまいます。そして、ようやく、もしかしたら、この方は認知症じゃないのかなと気がつきました。相手の方が認知症であるならば、初めから、そのように教えておいてくれれば、戸惑わずに、もっと上手く傾聴ができたのにと思いました。こうした場合、通常、施設では、その方の状況をある程度事前情報として教えてもらえないのでしょうか？

A4（協会の考え）

お話を聴いていていたら、何か変だな～と思い、もしかすると、この方は認知症じゃないのかな、と気がついた、認知症であることを事前に教えてくれていればもっと上手に傾聴ができたのに……ということでしょうか。

通常、多くの施設では、傾聴ボランティア活動の際には、この方は、こうこう、こういう方でと、その方の状況を事細かには教えてくれることはないと思ってください。その方がどういう方であれ、お出会いしたときがスタートと考えて、二人の関係を紡ぎ上げていっていただきたいと思います。また、その方が認知症であると事前にわかっていたら、傾聴ボランティアとしては、もっと上手に傾聴ができたのでしょうか？　多くの傾聴ボランティア活動実践者の皆さんは、そうした事前情報は、むしろ先入観になって邪魔になると言っています。その方が認知症であれ、何であれ、その方に向き合う、私たち傾聴ボランティアの態度と姿勢は同じはずです。ですから、あまり、「事前情報」ということにこだわらないで、普通の人として、誠実に、「傾聴」していただけたらと思います。

ただ、施設職員さんに、「この方、あるいはこの方々の傾聴をしてください」と言われた際に、「この方、あるいはこの方々のお話を聴く際に、特に気をつけることが、何かありますか？」と確認することは大事なことです。

なお、同じ話の繰り返しということですが、基本的には、初めて聞くような顔をして、つまり、驚きと賛同を表現しながら、毎回、否定せずに、話を聴くことが大切です。何回か聴いたのち、相手の話に沿って、「その部分はどんなふうだったのか？」などと、「開かれた質問」などを使いながら話を深めていくと、聴いている側としても、興味を持って聴くことができるのではないでしょうか。同じ話の繰り返しの場合、聴く側が飽きずに聴く（聞き飽きたという態度を示さずに）ことが大切です。

Q5　施設では「7：3」にならない……

傾聴ボランティアの講座の際に、傾聴の基本は話し手と聴き手が「7：3」と学んだが、施設で傾聴ボランティア活動をしていると、認知症の人や、なかなか話してくれない人、あるいは、止めどもなく話す人等がいて、「7：3」にはならない。こんなことでいいのかと、毎回疑問に思ってしまう。どうしたらいいんでしょうか？

A5（協会の考え）

傾聴の際の、話し手と聴き手の口を開く分量の割合「7：3」は、あくまで、言語による双方向のコミュニケーションができる人の場合の基本です。認知症やその他コミュニケーション上の障害を持っている方、とても口の重い方等を相手に傾聴ボランティア活動する際には、多くの場合、このようにはなりません。「3：7」、あるいは「2：8」、「1：9」ということもあるかもしれません。口を開く比率は、その場の状況によって適宜変えていただく必要があると思いますし、また、そのように変えていただくのが自然だとも言えます。

この「7：3」というのは、お互い普通に会話ができる人同士の場合、あるいは状況においてのことですが、過度に、この数字そのものに囚われる必要はないと思います。あくまで、これは、聴き手のほうがたくさん話すのではなく、聴き手は、口数を少なくして、聴き役に徹するという意味での目安であるとご理解いただくとよいのではないでしょうか。

Q6 日常的な会話、あるいは雑談になってしまい「傾聴」にならない……

施設に行くと、相手の方が一人の場合であれ、複数の場合であれ、話の内容が、普段の日常生活上のことであったり、取りとめもない雑談のようになってしまって、なかなか「傾聴」になりません。講座で学んだようにはいきません。どうしたらいいのでしょうか?

A6（協会の考え）

お話の内容が、日常会話、雑談になってしまい、「傾聴」にならないと悩んでいらっしゃるのですね。

それでは、どんな状況、あるいは、お話を聴かせていただいたら、「傾聴」になるのでしょうか?……二人きりになって、お互い向かい合って、話し手から心の奥底にしまってあった悩みや心配事の相談を切り出されたときに、初めて、その場が「傾聴」となるのでしょうか?

もし、そうお考えであるとすると、それは、傾聴、あるいは傾聴活動を、狭く考え過ぎだと、協会としては考えています。施設で、まだ、傾聴ボランティアと顔を合わせたのも3、4度、そして、認知症の方も含め、他の方々もいらっしゃる中で、そうした悩みや心配事の話が出るものでしょうか？　個人宅におうかがいしていても、そうしたお話が出てくるようになるのは、お互いの間に信頼関係（ラポール）が形成されてからのことで、それには通常、３～６ヶ月かかります。施設でもそうした信頼関係の形成ができないわけではありませんが、それには、やはり、時間がかかり、また、お話を聴く設定ということも必要になってきます。このような特別な場合を除き、施設での活動の際には多くの場合、皆さんとワイワイ楽しくということになろうかと思います。しかし、この際に、話題がこうだから傾聴にならないということではなく、その場が、「傾聴的」な場になるかどうか、すなわち「傾聴」になるかどうかは、そこに関わる傾聴ボランティアの姿勢によります。つまり、話し手（たち）の話に積極的な興味と関心を持ち、いかに傾聴的に（共感的、受容的に）話を聴けるかということが問われているのだと思います。話を「聴く」といっても、もちろん、一言も発しないで、ただ聴くのではありません。話し手が話す言葉に対し、適切な言葉を返しながら聴きます。「傾聴」は、あくまで、双方向（two-way）のコミュニケーションです。話し手と同じ姿勢、態度で、同じようにワイワイ言い合っているのであれば、それは、「傾聴」とは異なるものであると思います。

Q7 「無理矢理ここに入れさせられた」ばかりを言う……

その方と顔を合わせると、「無理矢理ここに入れさせられた」と言います。その方は、認知症ではなく、大腿骨骨折後、足に障害が残って、在宅でのケアが難しくなったので、この施設に入ることになったとのことです。毎回、このような暗い話で、聴いているこちらも何か気分が落ち込んでしまいます。「色々と事情があったので、ここに入ることになったのでしょ、仕様がないじゃないですか！」と言いたくなりますが、これは言ってはイケナイと一生懸命我慢しています。趣味とかの明るい話題に持っていこうとしても、すぐに、また、同じ話になってしまいます。こんな状態が続いていると、「この人、うつになってしまうのではないか」などと心配になったりもします。このようなことばかり言う人の話をどんなふうに聴けばいいでしょうか？

A7（協会の考え）

「無理矢理ここに入れさせられた」ばかり言う人。他の話題に振っても、すぐに戻って、また、同じように「無理矢理ここに入れさせられた」という人。聴いているこちらまで暗くなってしまうのですね……。でも、傾聴ボランティアとしての関わり方、お話の聴き方としては、こんなふうでいいか、少し考えてみたいと思います。この方は、本当に、ただ暗く、うっとうしく、同じことしか言わない人なのでしょうか？　自分の家があるにもかかわらず、施設入所となった場合、家に帰りたい、ここは私がいる場所じゃない、ここには無理矢理入れさせられただけなんだ、と訴えている人がいたとしたら、その気持ちは、私たちにも理解できることなのではないでしょうか。その方の訴えは、ある意味では、誰でもが持ち得る、正当なものではないでしょうか。同じ話を何度も何度も言うのは、その思いがとても強い、あるいは、誰もそれを聴いてくれない、誰も自分の気持ちをわかってくれないと本人が思っているからではないでしょうか。

「今更、そんなこと言っても仕様がないじゃないの！」という気持ちが、傾聴ボランティアの側にあるかと思いますが、「無理矢理ここに入れさせられた」とおっしゃるのであれば、その経緯なり、その無念さ、悔しさなりを、心置きなく語ってもらってはいかがでしょうか。その際、共感的に受けとめて聴くことが大切です。勿論、介護をする息子夫婦が自営業のため朝早くから夜遅くまで仕事で忙しい等々の、この方のお家の事情はそれぞれにおありになることでしょう。しかしながら、この種のお話を聴く際に大事なことは、例え、どんなに介護する人の側に「事情」があったにしても、その「事情」に組みするのではなく、ご本人の訴えに耳を傾けることです。話し手の後ろにいる人、あるいは、取り巻く人たちに関心を向けるのではなく、その人自身の話を聴くことが大切です。従って、「色々と事情があったので、ここに入ることになったのでしょ、仕様がないじゃないですか！」などと、言わないことが大事です。

例え、そうした事情があったにせよ、ここに入ることになったのは本意ではない、悔しいということであれば、その気持ちを聴くことが大事なことです。ゆめゆめ、「入所は止むを得ないじゃないか、我慢しなさい！」と説得することではありません。（さらに言わせていただきますと、入所が止むを得ないことかどうか、傾聴ボランティアは、判断できる立場にないはずです。）

相手の方に存分に語ってもらいながら、「色々考えると、やはり、ここにいるしか仕様がないのよね」との考えに至っていただくのか、「どうしても、家に帰りたいので、息子ともう一度相談するわ！」ということになるのか、答えは、ご本人の中にのみあることだと思いますし、傾聴ボランティアとしては、ご本人の考えを尊重することが大事なことです。「ここに無理矢理入れさせられた」という思いを語っていただきながら、ただ、そのように嘆いてばかりいるのではなく、（前述のように）何らかの形でご自分の心の整理がつくように、聴いて差し上げることができたら、傾聴ボランティアとしては、何かお役に立ったということになるのではないでしょうか。もし、「ここにいるしかない」ということになれば、そのとき初めて、「じゃ、ここでの生活をどんなふうに楽しいものにしていきましょうか？」ということになるのだと思います。心の整理がつかず、また、吐き出しも十分に終わっていない段階では、趣味の話などに話題を転換してもあまり意味がないと思います。

Q8　耳の遠い人との会話の場合、困ってしまう……

耳の遠い人のお話を聴いていますが、声が小さく何を言っているのか分かりません。また、私が質問したことについても適切な答えが返ってきません。何度も聞き返すのも悪いような気もしますし、と言って、分からないままに適当に返事をするのも気が咎めます。ついつい大きな声を出してしまうのですが、周りの人のことも気になってしまいます。耳の遠い人のお話はどんなふうに聴けばいいのでしょうか?

A8（協会の考え）

お話を聴くときに、相手の方が耳が遠いということは、よくあることです。しかし、そのたびに、戸惑いながら傾聴をしている傾聴ボランティアの方も、きっと多いことでしょう。耳の遠い方の話を聴く場合、分かりやすく考えると、分かった部分だけ、聞き取れた部分だけを積極的に活用しながら、話を展開していけばよいのではないかということです。聞こえない、聞き取れない、とマイナスにばかり受けとめないで、聞こえたこと、わかったことを活用しながら、楽しい、有意義な会話を展開していくことが肝要です。そのために、傾聴のスキルの「繰り返し」や「言い替え・要約・確認」などを上手に使うと大変効果があります。耳の遠い方の話を聞く場合、一言一句すべて理解できなければ会話が成り立たないと考えるのではなく、聞こえにくいという障害を持った人とたまたまお話をする機会を持ったこと自体を楽しむ、あるいは、こうした機会を大切にするという心構えや態度が求められていると思います。

また、耳の遠い人と話す場合、つい大きな声でというふうにしてしまいがちですが、このときも、真横から耳元で大きな声で話したりしないようにしましょう。多くの高齢者の場合、大きな声ではなく、低い声のほうが聞き取りやすくなります。そして、私たちは耳に話し掛けるのではなく、より聞こえる側の耳のそばで、その人の顔を見ながら（つまり、斜めに構えて）、話し掛けるのが望ましいやり方です。

どうしてもわからないことや、大事だと思うことについては、相手の了承を得て、文字で表す（筆談）ということもありますが、最初から「この人は耳が聞こえないんだ」と決めつけたように、相手の了承も取らないで筆談を始めるのは控えたいものです。

Q9 一人の人と話していると、他の人の機嫌が悪くなってしまった……

その日、施設にうかがうと、顔馴染みになった方がテーブルに座っていたので、その方に話し掛け、その後、あれやこれや楽しく談笑していたら、同じテーブルにいた他の二人が機嫌を悪くして席を立ってしまった。こちらは、別に悪気はなかったのですが、こうした場合、どうしたらいいんでしょうか？

A9（協会の考え）

ひとつのテーブルに複数の方が座っているときに、いかに顔馴染みであるとは言っても、ある一人の人にだけ声掛けし話をしていたら、他の方はどんな感じがするでしょうか？　機嫌が悪くなる人もいるだろうことは十分に考えられることではないでしょうか。傾聴ボランティアは何のために施設に出掛け、活動するのでしょうか？　そこにいる利用者や入所の方々と、傾聴という活動を通して、有意義な時間を共有するためではないでしょうか。そして、施設というのは、基本的に複数の人たちがいる場所です。こうした場所に出掛け、傾聴ボランティア活動をするということは、複数の人に関わるということであるはずです。そして、複数の方々に関わる際には、均等に、公平にということが原則です。その場にいる人たちすべてに挨拶し、話し掛けることが大事です。実際には口数の多い人、少ない人と様々だと思いますが、それは、結果論として、傾聴ボランティアとしては、等しく、その場のすべての人に関わっていこうという姿勢を示すことが大切です。たとえ、認知症の方であろうと、排除するのではなく、参加してもらうよう働き掛けることが大事であり、求められています。このような態度で複数の方々に関わっていこうとするやり方を「グループ傾聴」と言います。共通の話題で、皆が盛り上がることができたら最高ではないでしょうか。

Q10　話がある程度進んだかなと思うと、「あんた、誰？」と訊かれる……

その方とは、もう何回か会ってお話もしているのですが、毎回顔を合わせると「あんた、誰？」と言われてしまいます。また、この方は、ある程度お話はできるのですが、話の途中でも、突然、

「あんた、誰?」と尋ねられてしまいます。その都度、丁寧に答えているのですが、その次には、「何しに来たの?」「どこから来たの?」と訊かれてしまいます。「もう、いい加減にしてほしい」と思ってしまったりします。また、話の内容も、このように訊かれた後は、先程とは違う話になってしまい、一貫したお話にはとてもなりません。こんなことで傾聴になっているのだろうか、また、こんなやり取りをやっていて、何か意味があるのだろうかと疑問になってしまいます。どうしたらいいんでしょうか?

A10 (協会の考え)

恐らく、この話し手さんは認知症なのでしょうね。また、聴き手さんも、きっと、この方が認知症であることはわかっていて、傾聴ボランティア活動をしているのだと思います。認知症の方のお話を傾聴するということは、どんな意味があるのでしょうか? その辺のことに思いを致していただくと、傾聴ボランティアとしては少し気が楽になるのではないでしょうか。「あんた、誰?」と何度も訊くのは、記憶力の低下の故です。また、記憶力の低下の故に不安を感じるので、何度も訊き返し、安心しようとしておられるのだと考えられます。この話し手さんが、こうしたことの故に繰り返し同じことを何度も訊いているのだと理解ができれば、繰り返し答えることも、話題が一貫していないことも、苦にならなくなるのではないでしょうか。そのときどきにその方が話したいと思うことを、寄り添いながら聴かせてもらう、それでいいのだ、と思うことが大事なことではないでしょうか。一般的には、認知症の方にとっては、思いや考えを具体的に述べて答えてもらうような「開かれた質問」は苦手と言われますが、場面によっては、「開かれた質問」をしてみることもよいでしょう。ご自分が得意になって話しているその領域のことであれば、「開かれた質問」にも、きちんと答えてくれる可能性はあります。ダメだったら、引けばいいのです。自分の話を否定しないで、できれば、プラスに評価しながら聴いてくれる人がいたら、それは認知症の方であれ誰であれ、心地のよいことではないでしょうか。

ここに書かせていただきました聴き方、あるいは対応方法は、あくまでも、相手の方のお話を否定しないで、ありのまま受けとめて聴くこと（そのことによって、結果的に、明るく元気になっていただいたり、自分自身がどうしたいのかに気づいていただく等）を専らとする傾聴ボランティアとしての聴き方、対応の仕方とご理解ください。協会のこれまでの経験からもっとも望ましいと思われる方法について、協会の考えをご紹介させていただきましたが、それぞれの事例において、何を大事と考えるのか、その重点の置き方や視点が変われば、また、聴き方・対応方法も異なってきます。従って、ここにご紹介の方法は、絶対的にこうでなければならないといったようなことではなく、協会としてのひとつの考え方であるとご理解いただければ幸いです。

第７章

傾聴ボランティア活動の全国的な広がり

現在、全国各地で、主として社会福祉協議会の主催で、多くの「傾聴ボランティア養成講座」が行われており、また、その結果、それぞれの地域に傾聴ボランティアグループが生まれ、活動が地域に根付き、広がっています。そうした状況について、いくつか具体的な例を挙げて、ご紹介したいと思います。

① 群馬県の場合

群馬県では、県の社会福祉協議会の主催で、平成19年度、20年度と2年にわたって、県内で、それぞれ16時間の「傾聴ボランティア養成講座」が開催されました。それにより、地域毎に、いくつかの傾聴ボランティアグループが生まれて、活動が始まっています。平成19年度は、一般の県民を対象に県内4か所で実施されましたが、平成20年度は、社会福祉協議会のボランティア担当者を対象とした養成講座（18時間）を1回と、16時間の県民向けの養成講座が3回実施されました。県の社会福祉協議会の主催で市町村の社会福祉協議会のボランティア担当者を対象に「傾聴ボランティア養成講座」が実施されたのは、当協会との連携においては、群馬県社会福祉協議会が初めての試みです。現在、ホールファミリーケア協会としては、「傾聴ボランティア養成講座」修了の皆さんには、地域で活動する際には、ともかくも、先ず、地域の社会福祉協議会に行って相談するようにお勧めしているのですが、地域によっては、社会福祉協議会のご担当の方自身が傾聴ボランティアのことについて不案内で、相談に行っても、話がなかなかスムーズに進まないというもどかしさの部分がありますが、今回の県社会福祉協議会による養成講座は、そうしたもどかしさを解消することに大いに役立ったものと思います。傾聴ボランティア活動の、地域における積極的な展開という意味でも、担当者のご理解と後押しは大変貴重なことだと思います。

実は、群馬県では、県社会福祉協議会による「傾聴ボランティア養成講座」実施の2年ほど前から、(財)群馬県長寿社会づくり財団主催により、同じく16時間の「傾聴ボランティア養成講座」が行われていました。そして、いくつかの地域で活動グループができて、活動していたという実績がありました。こうした活動グループが、今回、県社会福祉協議会主催講座の修了生たちの受け皿となった面もあります。(財)群馬県長寿社会づくり財団では、活動する傾聴ボランティアのために、年2回、16時間のフォローアップ講座なども企画・実施しています。

② 長野県の場合

県の社会福祉協議会の主催ではなく、県自体の事業として「傾聴ボランティア養成講座」を実施しているのは、長野県です。長野県では、平成18年度から、平成21年度まで連続して、県内を10ブロックに分けて、それぞれの地域で、2日間（計10時間）の講座を実施しています。1ブロックでの定員は40名ですので、これまで、3年間で計1200名の方々に学んでいただいたことになります（※平成21年度は、当協会担当は8ブロック）。そして、講座終了後、それぞれの地域で活動グループができて、活動が始まっています。正確ではないかもしれませんが、受講者のうち、多くの方々が実際に活動をしていますa（1／2～1／3の方々は傾聴ボランティア活動をしているとも聞いています）。中には、特筆に値するような、立派な傾聴ボランティアグループに育っている例もあります（例えば、114頁の「みみずく」代表・野崎恵子さんの体験記をご覧ください）。

また、県による養成講座の継続に伴い、県及び講座修了生の皆さんと、それぞれの地域の社会福祉協議会との連携も深まり、これまで、ボランティア活動といったことにあまり関わりがなかった中高年の方々が地域でボランティア活動をやり始めたという嬉しい状況が生まれています。

また、こうした県の事業展開と同時に、それぞれの地域でも、独自に「傾聴ボランティア養成講座」を行うという機運が高まっており、県内のいくつかの地域で実施され、また、そこから活動グループが生まれています。

③ 佐賀県の場合

佐賀県では県庁所在地に佐賀市社会福祉協議会の主催で「傾聴ボランティア養成・短期集中講座（25時間）」が、過去3回行われています。そして、佐賀市では、傾聴ボランティアグループ「かたらい」が生まれ、施設訪問活動をはじめ、個人宅活動も含め、活発に活動が展開されています。また、グループの組織としての編成もしっかりしたものができていて、全員の総意を取り込みながら、また、役割分担を上手に行いながら活動の普及を図っています。活動の実績を積み上げながら、訪問先の施設等からも高い評価を得ています。また、同グループからの報告等によりますと、活動している個々のメンバーが、傾聴ボランティア活動をしていることに喜びを感じながら行っている様子がうかがえます。このことが、傾聴ボランティア活動をする上では、何よりも大事なことだと思います。

また、今年（平成21年度）は、社会福祉協議会の手を離れ、傾聴ボランティアグループとして、各種の助成金等を獲得して、25時間の短期集中講座の後の講座（15時間の補講講座）及び、さらにその後の「スキルアップ講座（20時間）」の開催も行うことになっています。ご存知のように、傾聴ボランティア活動の際には、自分の活動状況について定期的なふり返りを行うことが必要ですが、「かたらい」の場合には、自分たちで、自分たちの活動を自ら振り返るための学びの場を作るというところまでグループが成長しているということです。日常の活動を中断することなく、継続して、その実績を積み上げることはもちろん大変大切なことですが、それと同時に、グループとして、こうした講座を企画し実施できるようになったということは、傾聴ボランティア活動としての質を維持するという意味で大変大切なことです。

④ 高知県の場合

高知県では、当協会が主催した各地での「傾聴ボランティア養成・短期集中講座（25時間）」及び「補講講座（15時間）」等を受講した方々が中心になって、「高知とんぼの会」を結成し、高知市を中心としながら周辺市町で、各種の施設を訪問しながら活動を続けています。訪問している施設では、大変よい評価を得ています。また、この傾聴ボランティアグループの特徴は、傾聴ボランティア活動を各自が一生懸命やっているということの他に、近隣の市町からの依頼に応じて積極的に傾聴の広報活動に出掛けているということです。

また、その他、傾聴ボランティア活動に勤しむだけではなく、会員同士の交流と親睦を深めるための色々なイベント（花見会や小旅行等）を行っているということです。会のメンバーがお互い楽しみ合い、励まし合うことによって、元気に傾聴ボランティア活動ができるという循環になっています。そういう意味において、まさに多面的なピア・サポートを実践しています。同会では、傾聴に対する認識を持った人を増やし、また、仲間を増やすために、県や市からの助成金を得て、協会と連携しながら、「傾聴ボランティア養成講座」を自主的に開催しています。それと同時に、自分たち自身のスキルアップのために1日6時間の「スキルアップ講座」も実施しながら、自分たちの活動について、点検と目配りを怠らないようにしています。活動しているメンバー各自が、傾聴ボランティア活動をしていることに大いに誇りと喜びを感じているようです。

⑤ その他の地域の場合

その他の地域で活動している傾聴ボランティアグループをいくつかご紹介します。

岩手県宮古市‥「宮古地域傾聴ボランティア・支え愛」
岩手県盛岡市‥「傾聴ボランティアもりおか」
福島県いわき市‥いわき傾聴ボランティア「みみ」
埼玉県さいたま市‥「傾聴ボランティアあゆみ」
埼玉県三芳町‥傾聴ボランティアグループ「なごみ」
埼玉県春日部市‥傾聴ボランティアグループ・ピア・サポート「かすかべ」

埼玉県幸手市：幸手傾聴ボランティア「ピース」
埼玉県越谷市：傾聴ボランティアグループ「陽だまり傾聴の会（越谷）」
東京都三鷹市：「傾聴ボランティア」
東京都杉並区：「西荻傾聴の会」
千葉県船橋市：シニアピア・傾聴ボランティア「みみずく」
千葉県鎌ヶ谷市：傾聴ボランティアグループ「シニア・ピア・なごみ」
千葉県千葉市：傾聴ボランティアグループ「ちば傾聴フレンズ」
千葉県君津市：傾聴ボランティア「ハート」
神奈川県町田市：傾聴ボランティア「ぐるーぷ・そらまめ」
神奈川県平塚市：「神奈川県傾聴赤十字奉仕団・平塚」
神奈川県相模原市：傾聴ボランティアグループ「はなみずき」
大阪府吹田市：傾聴ボランティアグループ「吹田傾聴ほほえみ」
大阪府寝屋川市：傾聴ボランティアグループ「14の耳」
長野県伊那市：「傾聴ボランティア伊那」
長野県箕輪町：「傾聴ボランティア箕輪」
長野県小諸市：傾聴ボランティアグループ「心友の会」

愛知県一宮市：傾聴ボランティアグループ「みみの木」
三重県桑名市：傾聴ボランティアグループ「みみずく」
三重県四日市市：傾聴ボランティア「傾聴同好会」
三重県津市：「津傾聴ボランティア会」
富山県富山市：傾聴ボランティアグループ「富山傾聴ボランティア・ピアの会」
香川県高松市：さぬき傾聴ボランティアグループ「陽（ひなた）」
福岡県福津市：傾聴ボランティア「ほほえみ」

この他に、協会が「傾聴ボランティア養成講座」をやらせていただいた後、実際に傾聴ボランティア活動が始まっている、あるいは、傾聴ボランティアグループができているというところがたくさんありますが、残念ながら、協会として、その全容、実態のすべてを把握できているわけではありません。また、前記傾聴ボランティアグループ及び未把握のグループの活動の幅と深さは、それぞれ違うというのが現状です。

しかし、今後、こうした未把握のグループも含め、全国的な連携網（ネットワーク）を構築することが、協会の課題のひとつであると考えています。「全国傾聴ボランティア活動連絡協議会」（仮称）のようなものを立ち上げ、全国総会や研修会、分科会などを行いながら、地域にこの活動をより普及、浸透させていくには、何が課題であり、その課題にどう取り組んでいけばよいかといったことについて、皆が知恵を出し合い、力を寄せ集めて、活動の一層の展開と進化（深化）を図ることが求められていると思います。

第8章

NPO法人ホールファミリーケア協会の活動について

シニア・ピア・カウンセリングと傾聴ボランティア

ホールファミリーケア協会は1999年(平成11年)4月に生まれました。

高齢者の顔をじかに見ながら相談やお話し相手をすることが必要ではないかとの思いから、それまで、約1年半続けてきた高齢者を対象としたボランティア電話相談「生き生きホットライン」を発展的に解消して設立したものです。

めざした活動の原型は、アメリカのシニア・ピア・カウンセリングです(「ピア」は仲間、同輩という意味です)。高齢者同士の相談活動ということです。

しかし、アメリカのシニア・ピア・カウンセリングでは、神の問題や人種に関する問題を扱った部分もかなりありますので、私たちは、その部分を削除して、今日の日本型のシニア・ピア・カウンセリングのプログラムの原型をまず作りました。その後、何回か小さな改訂を施し、試行錯誤しながら、今日のプログラムを作り上げました。

現在、協会では、「シニア・ピア・カウンセラー」という言葉よりはむしろ「(高齢者のための)傾聴ボランティア」という言葉を多く使っています。

カウンセリングの基礎を身に付けた高齢者が、悩みや不安を持つ同世代の高齢者の相談相手になるというアメリカにおけるシニア・ピア・カウンセリングの理念はそのまま大切にしながら、アメリカ型の個室における（有料の）カウンセリングから脱却し、日本の実状に沿って、「話したくても話せない（話す機会がない）」高齢者の相談相手、話し相手としての活動に転化して行ったのが、今日の傾聴ボランティア活動です。

各種の高齢者施設等では、カウンセラーというよりは、「相手のお話を否定せずに受けとめて聴くトレーニングを積んだお話し相手ボランティア」と説明するほうが受け入れてもらいやすいという事情もあります。日本におけるこの活動は、精神的な問題を抱える人の治療を目的にしたものではありませんので、トレーニングを積んだお話し相手ボランティア、すなわち傾聴ボランティアというほうが、その活動の実態からすると言い得ています。

傾聴ボランティア活動は、いわば、出前のお話し相手・相談相手活動です。

多くの場合、傾聴ボランティアのほうから、お話し相手のところへ出向き、話を聴きます。話を聴くときには、毎回深刻な相談事が出るわけでもありませんし、特別養護老人ホーム等で傾聴ボランティア活動をする場合には、認知症を持った高齢者のお相手をすることもあります。認知症の高齢者をお相手にするような場合、あるいは、自分からなかなか言葉の出ないような方と向き合う場合には、双方向のコミュニケーションをするというよりは、「そこに、ともにいる」ことで、有意義な時間を一緒に過ごすという意味合いのほうが大きい場合もあります。窓越しに、風にそよぐ若葉を一緒に見ている、部屋でともにテレビを見ているだけというようなこともあります。それでも、その方が、一人でいるよりは楽しい、嬉しい、安心と感じていただけるのであれば、それは、活動として十分意味のあることだと私たちは考えています。こうした活動や時間の過ごし方も、大きな意味で傾聴ボランティア活動の一部であると考えています。人は、一人だけでいるのではなく、誰かに見守られていることによって、また、自分の存在について誰かが配慮してくれていると感じるとき、安心と喜びを感じるものであると思います。

もちろん、相手と会った初回から深刻な相談が出てくるわけではありませんが、回を重ねるうち、ラポール（信頼関係）の形成とともに、心の中にしまわれていた悩みや相談が出てくることもあります。こうした場合に備えて、傾聴ボランティアは、対応できるだけのトレーニングは積んでおかなければなりません。そのために講座で、傾聴のスキルを身に付けていただいています。

現在、協会では、傾聴ボランティア活動の全国的な普及のために、傾聴ボランティアの育成、ボランティア活動の指導と地域活動ネットワークの構築、事例検討会の定期的開催、傾聴ボランティア育成のための地方自治体や社協等との連携、傾聴ボランティア活動に関する広報活動等に励んでいます。

1 傾聴ボランティアの育成

協会の現在の活動についてご紹介させていただきます。

「傾聴ボランティア養成講座」の開催

①協会主催・本講座（全20講義・計40時間：10日間で学ぶ）

(a)傾聴ボランティア活動の意味と意義について学ぶ（講義）2時間

(b)加齢に伴う心身の変化（認知症の理解を含む）について学ぶ（講義）6時間

(c)自分を知る（演習）4時間

(d)傾聴スキルの練習（ロールプレイ）26時間

(e)傾聴ボランティア活動の仕方について学ぶ（講義）2時間

※毎週1日（午前〜午後）4時間×10日間で実施

②協会主催・短期集中講座（全13講義・計25時間：4日間で学ぶ）

(a)傾聴ボランティア活動の意味と意義について学ぶ（講義）2時間

(b)加齢に伴う心身の変化（認知症の理解を含む）について学ぶ（講義）2時間

(c)自分を知る（演習）5時間

(d)傾聴スキルの練習（ロールプレイ）15時間

(e)傾聴ボランティア活動の仕方について学ぶ（講義）1時間

※連続4日間。1日6〜7時間。主として、東京、大阪、名古屋等の都市で開催。

※平成14年度には独立行政法人福祉医療機構（旧社会福祉・医療事業団）の特別助成を得て全国

9都市で開催。

③地方自治体の高齢者福祉課、社会福祉協議会、ボランティアセンター、教育委員会、民生委員児童委員協議会、県健康長寿財団、NPO等の要請を受け、通常、10時間～16時間程度の養成講座を全国各地で実施。地域によっては25時間講座、あるいは40時間講座ということもある。

2 ボランティアの始め方ガイドと地域活動グループの結成、活動グループネットワーク

講座（特に本講座及び短期集中講座）開催中に、傾聴ボランティアの始め方ガイドを念入りに行うとともに、受講生による地域活動グループ作りを支援しています。また、各期毎の活動グループと先輩たちのグループが連携できるように、地域活動グループ名簿を作成し、全員に配布しています。

また、各地の社会福祉協議会等の依頼により「傾聴ボランティア養成講座」を実施の際には、講座終了後、速やかに活動グループが立ち上がるよう指導及びガイドを行っています。

3 ボランティア活動場所の確保

一旦始めた傾聴ボランティア活動が長続きするために、基本的には、自分の居住する地域あるいは近いところで活動するよう、ボランティア希望者には勧めています。活動場所の開拓は、各自自

分の力で行うよう案内していますが、基本的には、地域の社会福祉協議会、地域包括支援センター等と連携することを標準的な活動の仕方として推奨しています。

また、自分一人で活動を開始するのが不安な方のために、活動グループのメンバーと一緒に行動することや先輩たちの活動に合流することを、特に初期の段階では勧めています。

4 傾聴ボランティアのケア

活動上の疑問や不安などについては、協会宛にいつでもファックス及び手紙・E-mailで質問受付をしています。協会で答え得ることについては協会から、難しいケースについては専門の先生に確認し、協会から答えを返す方式を取っています。また、協会発行の「月刊傾聴ボランティア」の巻頭特集「今月の活動上の疑問・困り事あれこれ」の中で、実際の活動上の疑問・困り事に対し、基本的な考え方、具体的な対応方法について、かなり詳しく、協会としての考えを紹介しています。

現在、全国の多くの傾聴ボランティアグループの毎月の勉強会の際に、この「今月の活動上の疑問・困り事あれこれ」が教材として活用されています。

5 地方自治体等との連携

現在、主として、全国各地の社会福祉協議会から傾聴講演会、あるいは「傾聴ボランティア養成講座」の依頼を受けています。協会としては、こうした依頼を、傾聴ボランティア活動に関する貴重な種蒔きの機会であると捉え、日時の折り合う限りは、出向いて行き、指導に当たらせていただいています。

多くの地域では、養成講座終了後、すぐに活動グループが生まれ、活動が始まっています。そして、活動に対するケアとして、「フォローアップ講座」、「スキルアップ講座」、あるいは「事例検討会」が定期的に行われています。活動の質を維持し、活動する傾聴ボランティアの意欲を維持し継続させるためには、こうした活動に対するケアが必須です。こうした活動に対するきめ細かなケアを継続している地域では、活動上大きな成果を上げています。

6 傾聴ボランティアに関する広報活動

①「月刊傾聴ボランティア」の発行

現在、同誌の毎月の特集「今月の活動上の疑問・困り事あれこれ」が、各地における傾聴ボランティア活動を支える上で、大きな役割を果たしています。この月刊誌は、「傾聴ボランティア活動」に関する、日本で唯一の具体的なガイドであると言っても決して過言ではないと思います。

また、高齢者福祉に関する各種の問題を特集として取り上げると同時に、投稿記事により各地の傾聴ボランティア活動の様子を紹介しています。

②傾聴に関する講演会の実施

各地の高齢者福祉課、介護保険課や社会福祉協議会・ボランティアセンター等の要請により、傾聴について広く市民の皆様に知っていただくために「傾聴の意味と意義」について講演活動を行っています。この講演の後、傾聴ボランティア養成講座開催へとつながるケースが多くあります。

③各種高齢者施設及び社会福祉協議会・ボランティアセンター等への案内

各種高齢者施設及び社会福祉協議会・ボランティアセンター等へ「傾聴ボランティア活動とは何か、及び傾聴ボランティアの受入れのお願い」の案内を適宜送付し、広報に努力しています。

7 「認知症の方の傾聴講座」の開催

高齢社会の進行に伴い、私たちにとって避けられない問題として迫っているのが、認知症の問題です。協会としてこの問題を重視し、「認知症高齢者は認知症という病気を持った（だけの）一人の高齢者、つまり、尊厳を持って対応されるべき人」としての視点をベースに、いかに人として優しく、適切に対応できるかを学ぶための講座を開始しています。

これまで、東京及び大阪で実施していますが、今後、全国的にこの講座を展開していきたいと考えています。認知症について正しい認識を持ち、適切な対応ができるよう、福祉の現場だけではなく、認知症の高齢者を自宅で介護するご家族の方や一般の人々にも普及させていきたいと考えています。

8 子育て支援

現在、高齢化の問題とともに、少子化の問題が、色々な角度から問題にされていますが、協会では、単に将来の労働力の確保や人口の減少を食い止めるという観点からだけではなく、優しくゆとりのある子育てという観点から、今後、子育て支援の問題を提案していきたいと考えています。

子どもであっても一人の人間として対しながら、子と親の間に適切なコミュニケーションが図れることが望ましいことだと思います。子どもとは何か、子育てとは何か、を根源的に問い直し、誰もが安心して、かつ、自然に子育てに専念できるような環境の整備・充実も合わせて提案していきたいと考えています。

9 介護に関わる家族の傾聴

現在も傾聴ボランティア活動推進の中で、高齢者自身に対する傾聴だけではなく、高齢者を抱える家族の傾聴も行っていますが、今後は、家族のケアという観点から、「家族への傾聴」を重視していきたいと考えています。そのためには、自治体の高齢者支援課、介護保険課、地域包括支援センターや社会福祉協議会・ボランティアセンターとの連携はもとより、例えば、地域の民生委員等との連携も欠かせないことだと考えています。

10 ターミナル期の方の傾聴

いかに人生を上手く締めくくることができるか。よりよい傾聴をして、その人が人生の総決算をするプロセスのお手伝いができればと考えています。

ただ、人は、往々病んで最期を向かえることにより、また、その痛みのために、人生そのものを不幸なものだったと捉える傾向がありますが、その人が輝いていた時代の話や苦労談・成功談などを傾聴しながら、自分が歩んできた人生を肯定的に捉えることができるよう、お手伝いをすることが大事だと思っています。

ホスピス、在宅ホスピス、その他看取りの場となる各種の高齢者施設での傾聴活動に力を入れていきたいと考えています。また、施設職員に対する「ターミナル期の傾聴」セミナー開催にも努力していきたいと考えています。

11 精神障害の方の傾聴

地域で「傾聴ボランティア活動」をしていると、精神障害の方々に向かい合うことも、また、ある意味では避け得ないことです。精神障害の方の傾聴の際には様々な困難もありますが、「相手を一人の人として認める」という傾聴の基本的な認識をしっかり持って対応することが大切であると思います。精神障害の方々の社会復帰の一助になるべく、傾聴的に関わっていきたいものだと考えています。

⑫ その他

相手の話を受容的に、かつ、プラスに評価しながら聴くことは、相手の方に自己肯定感（有用感）を持ってもらうことにつながります。自分の人生について、どんな形であれ肯定的な意味を見出すことができれば、そのことは、また、自死から遠ざかるということにもなるはずです。しっかり「傾聴」することによって、自殺企図者及び自死遺族のお役に立てればと願っています。

こころの豊かさや労わり合いや支え合いの心に満ちた、やさしい人間関係に溢れた社会の構築がNPO法人ホールファミリーケア協会のテーマであると改めて感じています。読者の皆様はもちろん、社会の構成員の一人ひとりと手を携え合って、ともに進んで参りたいと思います。

あとがき

傾聴ボランティアの普及活動を始めて10年。お陰様で、全国各地で傾聴ボランティア活動が行われるようになりました。また、様々な分野で、「傾聴」に対するご理解をかなりの程度深めていただけたように感じます。話を聴くことは、その人の存在を認めることでもあるとの認識もさらに広がりつつあると感じています。このことは、福祉の世界にとどまらず、私たちが生きていくどの領域においても大切で必要なことだと思います。

今の社会には、「自分の持てる力と時間を何か社会の役に立てたい」と思っている方が大勢います。今まで子育てや仕事で精一杯だった中高年世代には、ボランティアは自分とは少し遠いものでした。しかし、「聴く」ことで社会貢献ができるとしたら何と素敵なことでしょうか！　真摯に聴くことが、自分が何をしたいのかということに気づいてもらうことのお手伝いになったり、また、生き生き元気に生きるための生きがい支援になったりするなんて、これまでにはなかなか考え難いことでした。

もちろん、「聴く」は、決して「聞く」ではありませんし、一定のトレーニングが必要なことでもありますが、しかし、一旦それをクリアしていただければ、誰にでも、また、どんなに高齢になってもできる活動ですし、また、社会に存在するすべての人にとって必要な活動でもあるということは大変素晴らしいことだと思います。そして、この誰にでもできる活動であるということが、多くの人、特に中高年を、実際のボランティア活動へと結び付けることに寄与しているようです。

この本が、傾聴及び傾聴ボランティア活動に関心を持っているすべての方にとっていささかでもお役に立てれば幸いに存じます。

今回、本書の発行に当たり、特に、原稿と活動風景の写真を寄せてくださった傾聴ボランティアの皆さん、そして全国各地での活動の発展に寄与していただいています多くの協会講座修了の傾聴ボランティアの皆さんに厚く御礼申し上げます。

２００９年8月

特定非営利活動法人ホールファミリーケア協会

理事長　鈴木　絹英

■特定非営利活動法人（NPO）
ホールファミリーケア協会

生き生き元気高齢社会の実現を目指して、高齢者に対する教育事業や高齢者の持つあらゆる知識・技能を次の世代に伝える事業等を行い、もって社会全体の利益の増進に寄与することを目的とした組織です。

◆

傾聴ボランティア（シニア・ピア・カウンセリング）とは、「カウンセリングの基本を学んだ元気な高齢者が、悩みや寂しさを抱える高齢者の話し相手をする」という活動です。しかし、「傾聴」は、異なる世代間の対話においても大いに役立ちます。お互いのよりよい人間関係の構築、それが「傾聴」の目的だからです。

〒101-0063　東京都千代田区神田淡路町 1-19
千代田ビル 2F
TEL／03-5297-7108　FAX／03-5297-7109
E-mail　agingymd@mve.biglobe.ne.jp
Homepage　http://www5d.biglobe.ne.jp/~AWFC

聴くことでできる社会貢献
新 傾聴ボランティアのすすめ

2009年8月20日　第1刷発行
2014年2月20日　第5刷発行

編　者　NPO法人ホールファミリーケア協会
発行者　株式会社 三省堂
代表者　北口克彦
発行所　株式会社 三省堂
〒101-8371　東京都千代田区三崎町二丁目22番14号
電話　編集（03）3230-9411
営業（03）3230-9412
振替口座　00160-5-54300
http://www.sanseido.co.jp/
DTP　株式会社エディット

落丁本・乱丁本はお取替えいたします〈新 傾聴ボランティア・256pp.〉
ISBN978-4-385-36205-2